Gabriele Basilico

La selezione di opere di Gabriele Basilico (Milano, 1944-2013) per la mostra promossa dall'Istituto Italiano di Cultura di Caracas, e itinerante presso altri Istituti Italiani di Cultura del Centro e Sud America, include settantasette fotografie realizzate fra il 1978 e il 2012, coprendo quasi interamente il percorso artistico del fotografo milanese.

Gabriele Basilico è uno dei fotografi italiani più noti a livello internazionale, le sue opere sono presenti nelle collezioni di prestigiose istituzioni pubbliche e private in tutto il mondo e a oggi oltre 130 libri e cataloghi sono stati pubblicati sul suo lavoro.

Dopo aver conseguito la laurea in Architettura nel 1973 presso il Politecnico di Milano, Basilico inizia un cammino di ricerca che attraverso la fotografia prende in esame, con sempre maggior profondità e circostanziata analisi, le aree urbane e il paesaggio industriale, soffermandosi sulle mutazioni che segnano il passare del tempo e contraddistinguono l'inarrestabile processo di antropizzazione dei luoghi e, in particolare, delle città metropolitane.

La raccolta di opere ordinata per la mostra itinerante in Centro e Sud America è un valido e autorevole esempio del suo percorso professionale e artistico, intendendo queste pratiche in apparenza inconciliabili pressoché inscindibili nel lavoro di Basilico, come fossero un costante riferimento, uno stimolo reciproco alle volte indotto, provocato, altre volte naturale, capace di produrre una visione unica e speciale, risultato di un processo osmotico. La consapevolezza di uno sguardo che all'artista è consentito di possedere solo grazie al progressivo accumulo di esperienza.

L'esposizione ripercorre la carriera artistica di Basilico partendo da *Milano. Ritratti di fabbriche*, realizzato in tre anni a partire dal 1978 e poi esposto al PAC - Padiglione d'Arte Contemporanea di Milano nel 1983, personale che lo consacra come una delle figure più innovative nel panorama fotografico nazionale e internazionale dei primi anni ottanta, e prosegue con alcune immagini prodotte per la missione fotografica coordinata dalla DATAR (Délégation à l'Aménagement et à l'Action Régionale) su incarico del governo francese. Nel medesimo periodo Basilico lavora a una raccolta di immagini sui porti europei: Genova, Amburgo e Anversa fanno parte della mostra *Porti di mare* che vincerà a Parigi il Prix Mois de la Photo nel 1990. Beirut rappresenta un altro importante capitolo nell'opera di Basilico: nella capitale mediorientale l'artista milanese si reca infatti quattro volte tra il 1991 e il 2011.

In questa lunga parentesi che apre e chiude il ciclo dedicato a Beirut, Basilico colora, ma soprattutto allarga e solleva il suo sguardo, pur continuando a riservare grande attenzione all'oggetto architettonico, allo studio delle forme e dei volumi che lo rendono, attraverso la fotografia, come tangibile, allo spettatore più vicino e immediato. Dimostrazione ne sono le immagini di Parigi,

Gabriele Basilico, dagli Appennini alle Ande
Filippo Maggia

Palermo, Barcellona, Porto, ma anche Bilbao, Napoli, Berlino, ove, indipendentemente dalla qualità dell'architettura, è la ricerca ossessiva di un equilibrio formale a sorprendere sempre: sovrapposizioni prospettiche – come nel caso di Palermo e Montecarlo –, luci, ombre e segni della contemporaneità – le auto a Barcellona, gli arredi urbani di Zurigo –, e della Storia – il checkpoint Charlie a Berlino –, non solo completano la costruzione visuale dell'immagine, piuttosto la contestualizzano, rendono quella fotografia un documento.

Con le campagne fotografiche del 2007 di Mosca e di San Francisco – dove viene invitato dal MoMA a fotografare la Silicon Valley –, il campo visivo abbracciato dalla ripresa in grande formato della camera analogica si dilata e si alza. La scelta del punto di vista non è più solo frutto di un lungo e accurato sopralluogo, quanto l'atto ultimo di un esercizio che il fotografo ha vissuto appieno, con generosità e rispetto per il luogo e per chi lo vive e trasforma ogni giorno.

All'osservazione, alla documentazione ora si aggiunge un ulteriore fondamentale passaggio che coincide con una più matura pratica artistica: una sorta di lucida contemplazione partecipata, un vedere sapiente che riconosciamo nei cicli fotografici prodotti a Istanbul nel 2005 e nuovamente nel 2010 in occasione della nomina a capitale europea della cultura della città turca; a Shanghai, sempre nel 2010, per fotografare il Padiglione Italiano progettato per l'Esposizione Universale; a Rio de Janeiro nel 2011, invitato dalla compagnia brasiliana Oi Telefônica.

Distintiva di questa raccolta è la presenza di un folto gruppo di immagini italiane, fra le quali alcune certamente meno note delle celebri vedute di metropoli internazionali. Fra queste risaltano l'ampia, maestosa verrebbe da dire, veduta della medioevale Urbino, il borgo raccolto di Montepulciano, il canale interno che sembra introdurre la città asburgica di Trieste, accanto alle più classiche immagini di Vicenza, con l'omaggio a Palladio, alle severe Gallerie degli Uffizi di Firenze, al contorno imponente della Mole Antonelliana di Torino. Due fotografie di Basilico rivelano in modo manifesto l'abilità del fotografo nel saper racchiudere lo spirito di un luogo dentro ai margini fotografici: Genova, del 1985, dove dal mare, oltre il molo, attraverso una sovrapposizione prospettica di piani visivi penetriamo in città, passando dalla prua di una nave ai palazzi del lungomare, e Biella, del 1989, ritratto del fiume Cervo ai lati del quale ancora resistono i vecchi edifici sedi dei primi lanifici industriali che nell'Ottocento fecero della piccola cittadina piemontese la capitale della lana in Italia.

Riprendendo il titolo di un celebre racconto di Edmondo De Amicis, questa mostra è una narrazione per immagini che parte dal Bel Paese per arrivare al Sud America parlandoci del mondo dall'antico al contemporaneo, disegnando con la macchina fotografica gli spazi, i volumi e le forme dell'architettura.

The works by Gabriele Basilico (Milan, 1944–2013) selected for the exhibition promoted by the Italian Cultural Institute in Caracas, which later travelled to other Italian Cultural Institutes in Central and South America, included 77 photographs taken between 1978 and 2012, virtually spanning the Milanese photographer's entire career.

Gabriele Basilico is one of the most internationally well-known Italian photographers, his works are in the collections of prestigious public institutions and private owners the world over, and to date over 130 books and catalogues have been published on his work.

Basilico graduated in architecture from the Milan Polytechnic in 1973, then took up the camera and initiated a path of research that saw him analyzing urban areas and the industrial landscape in ever-more depth and detail. In particular, he focused on the changes that mark the passing of time and distinguish the unrelenting anthropization of places, especially metropolitan cities.

The collection of works chosen for the travelling show in Central and South America truly and compellingly exemplifies both the photographer's professional and artistic approach, which, only seemingly irreconcilable, are virtually inseparable in Basilico's work. In fact, they act as constant references and reciprocal stimuli – at times, created deliberately or provoked; at others, spontaneous – capable of producing a unique and special vision, which is the result of a two-way process. An aware gaze that an artist can only arrive at through the gradual accumulation of experience.

The exhibition traces Basilico's artistic career, starting from *Milan. Ritratti di fabbriche* (Milan. Portraits of Factories) featuring images created over three years, beginning in 1978. The photographs were then displayed at the PAC – Padiglione d'Arte Contemporanea in Milan in 1983 in a solo show that established the photographer as one of the most innovative on the national and international scene of the early 1980s. They were followed by various shots taken on the photographic assignment coordinated by the DATAR (Délégation à l'Aménagement et à l'Action Régionale) and commissioned by the French government. During the same period Basilico worked on a collection of images of European ports. Genoa, Hamburg and Antwerp featured in the show 'Porti di mare' (Seaports), winning the Prix Mois de la Photo in Paris in 1990. Beirut represented another important chapter in Basilico's oeuvre; in fact, the Milanese artist went on four expeditions to the Middle East capital between 1991 and 2011.

During this long period that saw the beginning and completion of the Beirut cycle, Basilico started to use colour, but especially to broaden and lift his gaze. He also continued to devote considerable attention to the architectural object and to the study of forms and volumes which photography brought closer and rendered more immediate for the viewer, making them almost palpable.

Gabriele Basilico,
from the Apennines
to the Andes
Filippo Maggia

This is evident in the images of Paris, Palermo, Barcelona and Porto, but also of Bilbao, Naples and Berlin, in which, aside from the quality of the architecture, it is the obsessive striving for formal balance that always amazes. Overlapping perspectives – as in the case of Palermo and Montecarlo – lights, shadows and signs of contemporary life – witness the cars in Barcelona and the urban décor in Zurich – and history – Checkpoint Charlie in Berlin – not only complete the visual construction of the image but actually contextualize it, making the photograph a document. In the 2007 photographic campaigns featuring Moscow and San Francisco – where the artist was sent by MoMA to photograph Silicon Valley – the visual field of the large-format analogue camera becomes wider and more elevated. The choice of point of view is no longer arrived at just through a long and thorough scout, but is the last act in an operation that the photographer experiences on all levels, showing generosity and respect towards the place and to those who interact with and change it every day.

Observation and documentation are now complemented by another fundamental development that pertains to a more mature artistic practice: a kind of lucid and involved contemplation, a sagacious seeing. We recognize this in the photographic cycles produced in Istanbul in 2005 and in 2010, the year it was designated capital of European culture; in Shanghai that same year, where he photographed the Italian Pavilion designed for the World's Fair; and in Rio de Janeiro in 2011, where he was sent by the Brazilian company Oi Telefônica.

Outstanding among these series is a large group of Italian images, some of which are certainly less well-known than the famous views of international metropolises. Particularly striking is the sweeping, one might say majestic, view of medieval Urbino; the secluded hill-town of Montepulciano, and the Grand Canal that takes us into the Habsburg city of Trieste. Then there are the more classical images of Vicenza, as a tribute to Palladio, the austere Gallerie degli Uffizi in Florence, and the imposing silhouette of the Mole Antonelliana in Turin. Basilico's ability to capture the *genius loci* in a photograph is also manifest in two other images. The first is of Genoa, taken in 1985, where from the sea, beyond the wharf, we are led into the city through overlapping perspectives of visual planes, passing from the prow of a ship to the buildings along the waterfront. The second is a view of Biella, from 1989, depicting the River Cervo, on either side of which are still standing the old buildings that housed the first woollen mills, which in the 19th century turned the small Piedmont town into the wool capital of Italy.

Reprising the title of a well-known short story by Edmondo De Amicis, this exhibition is a narrative in images that begins in Italy and ends in South America. It speaks to us of the world from ancient to modern times, defining with the camera the spaces, volumes and forms of architecture.

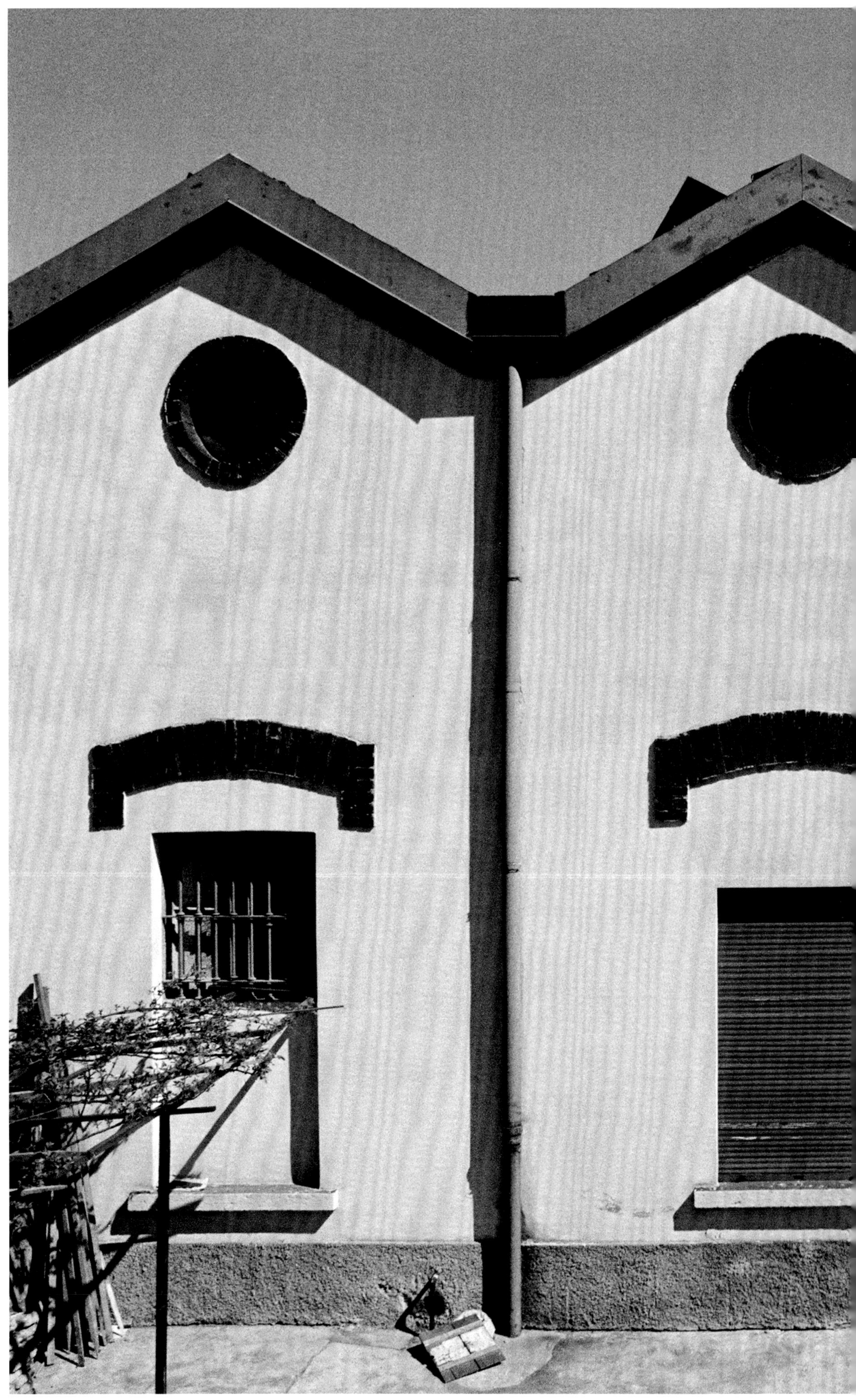

Milano
1978/80

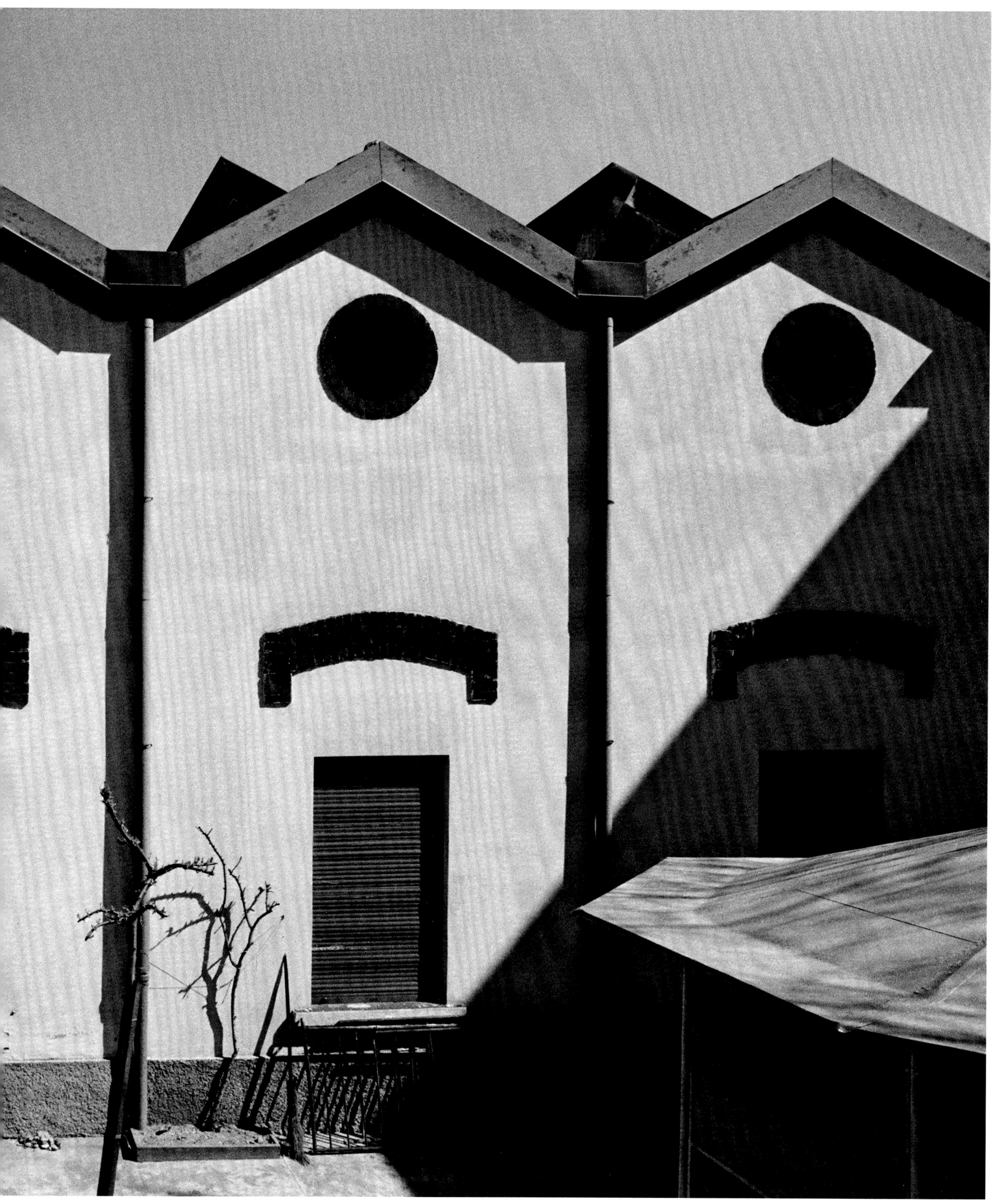

Milano
1978/80

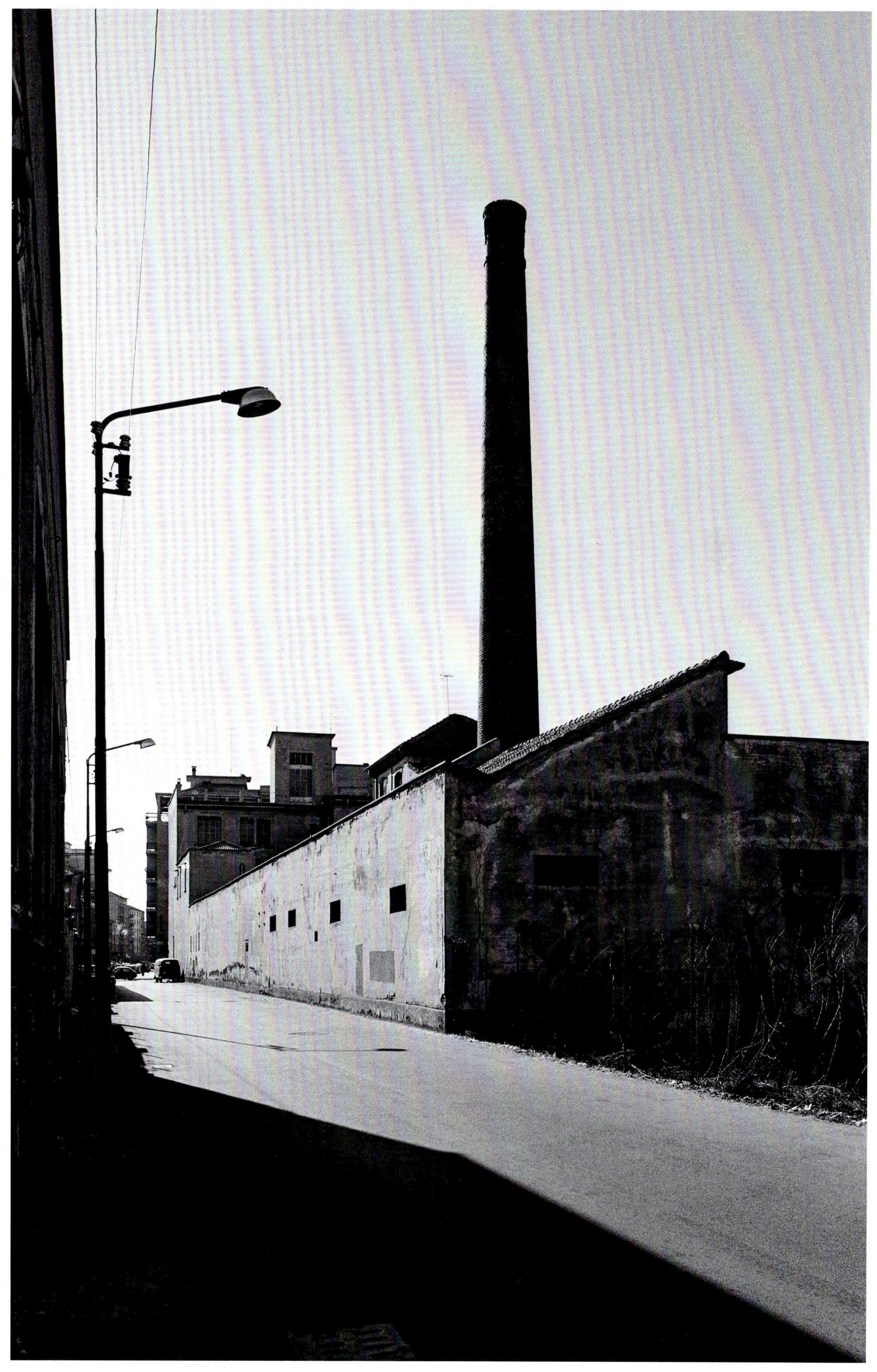

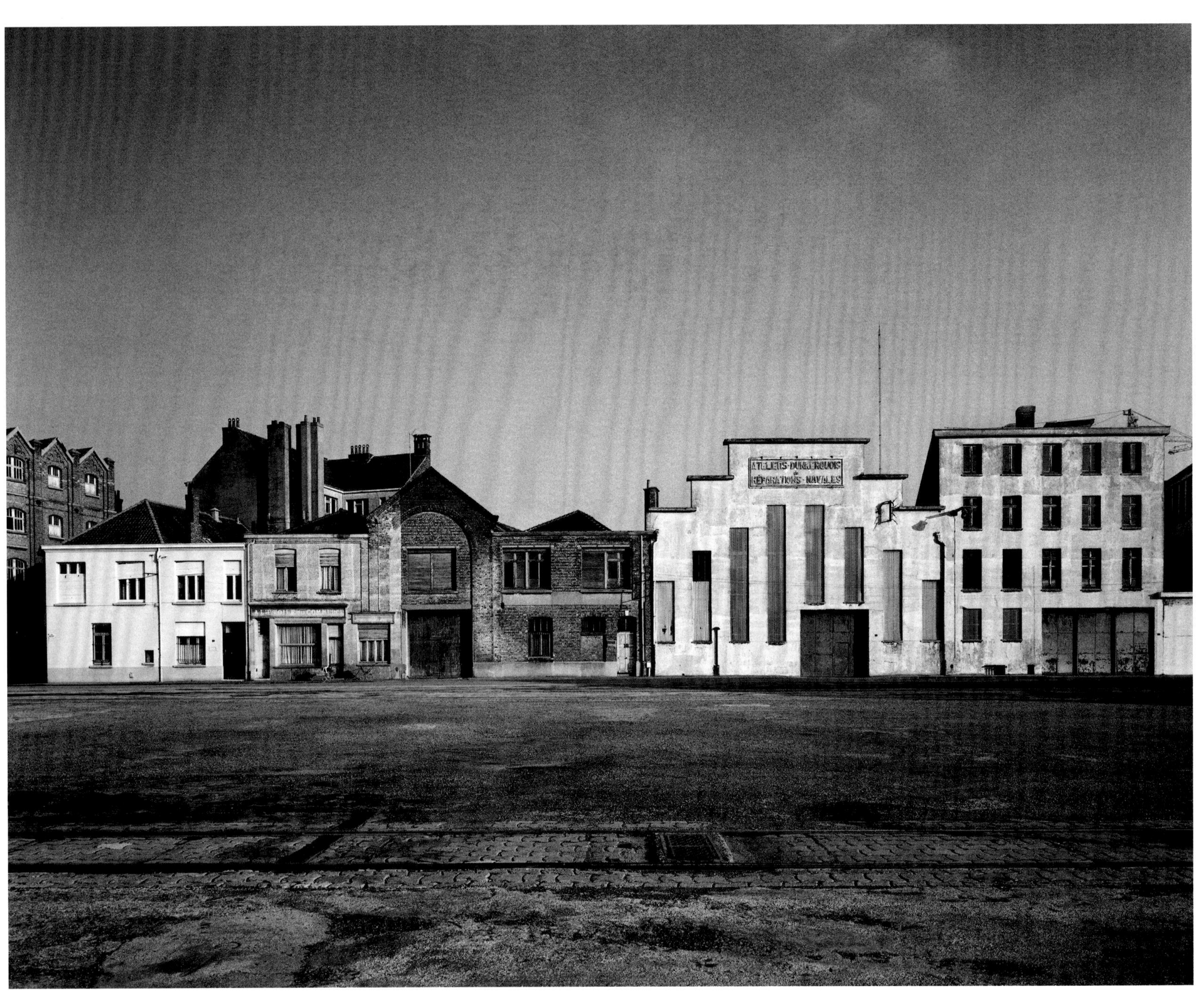

Dunkerque
1984

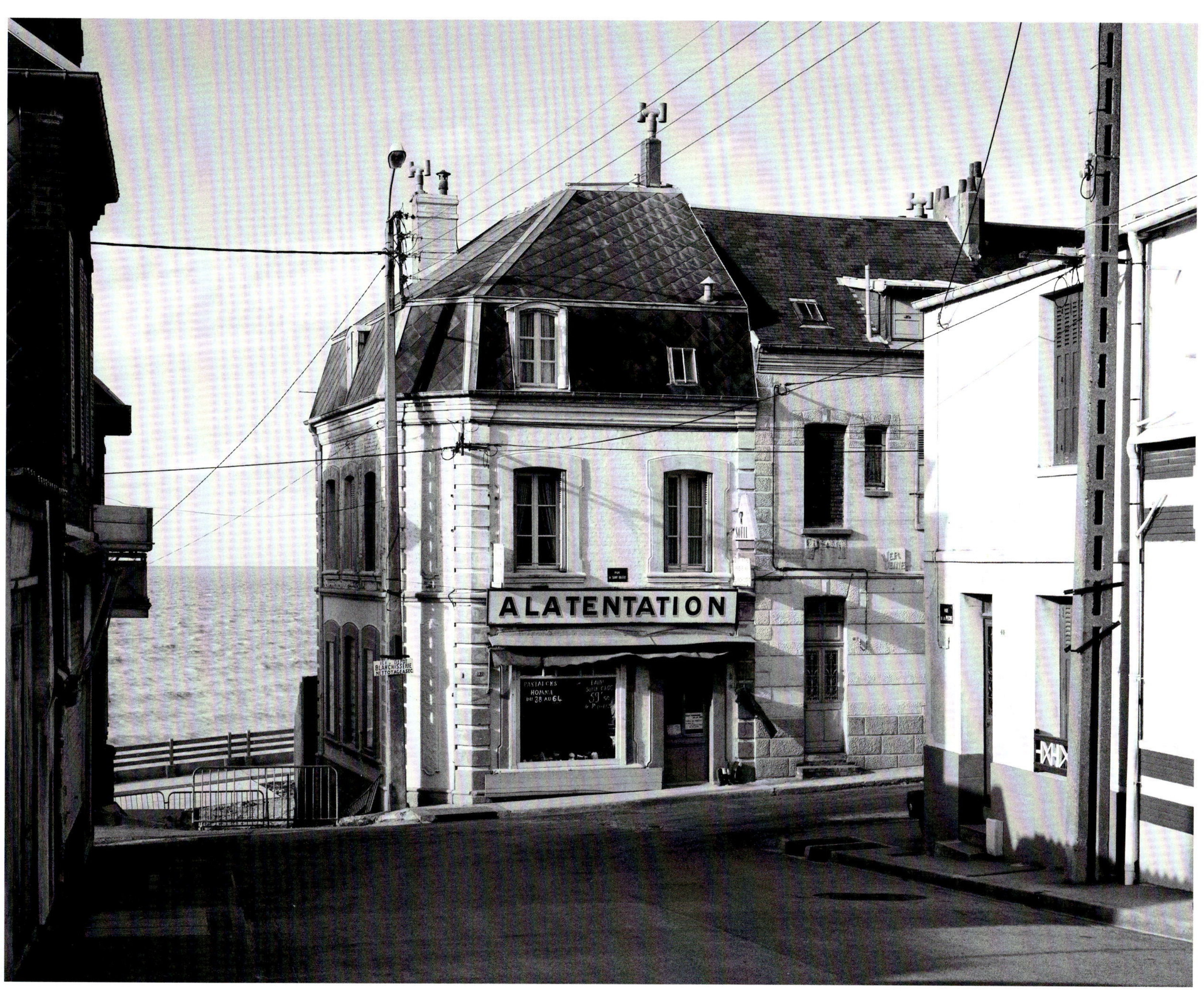

Ault
1985

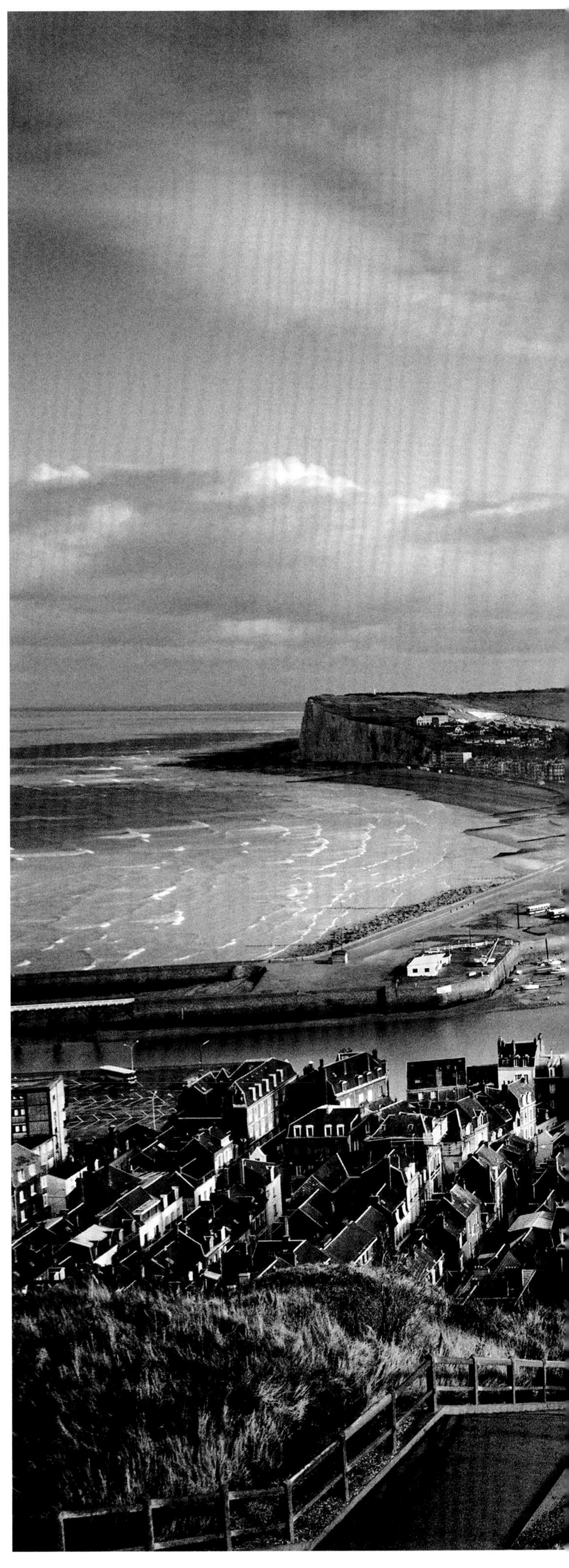

Le Tréport Mers-les-Bains
1985

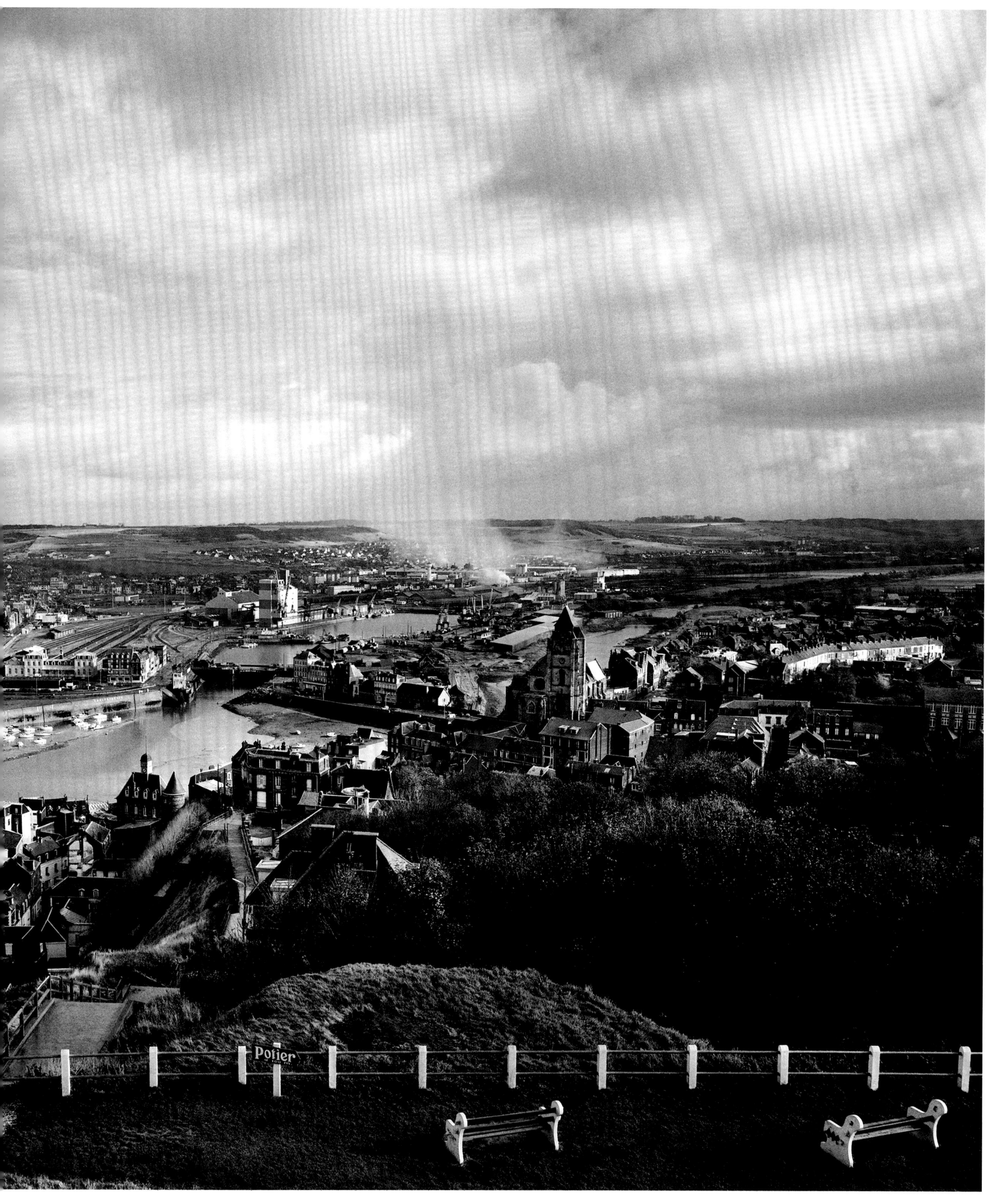
Potier

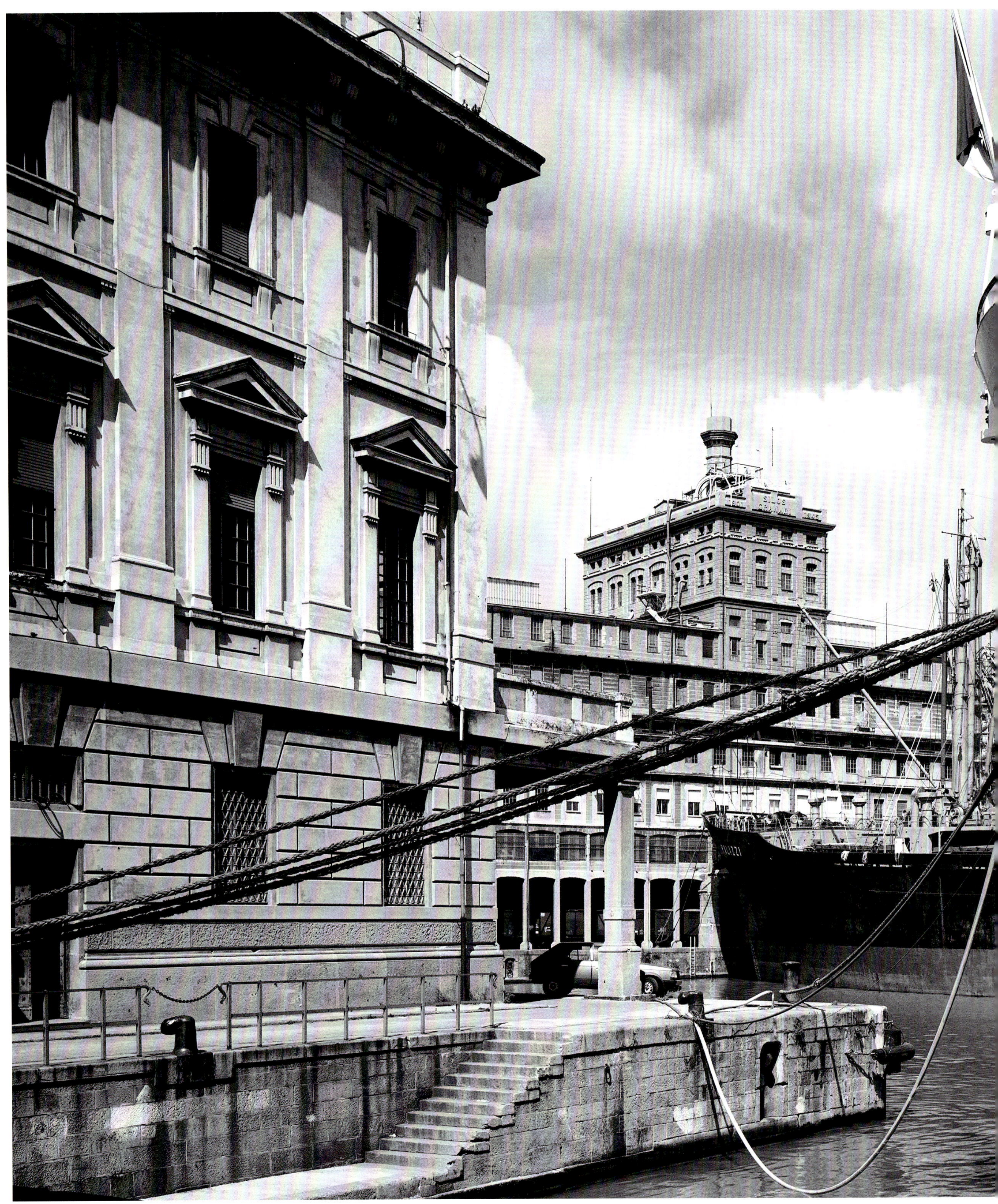

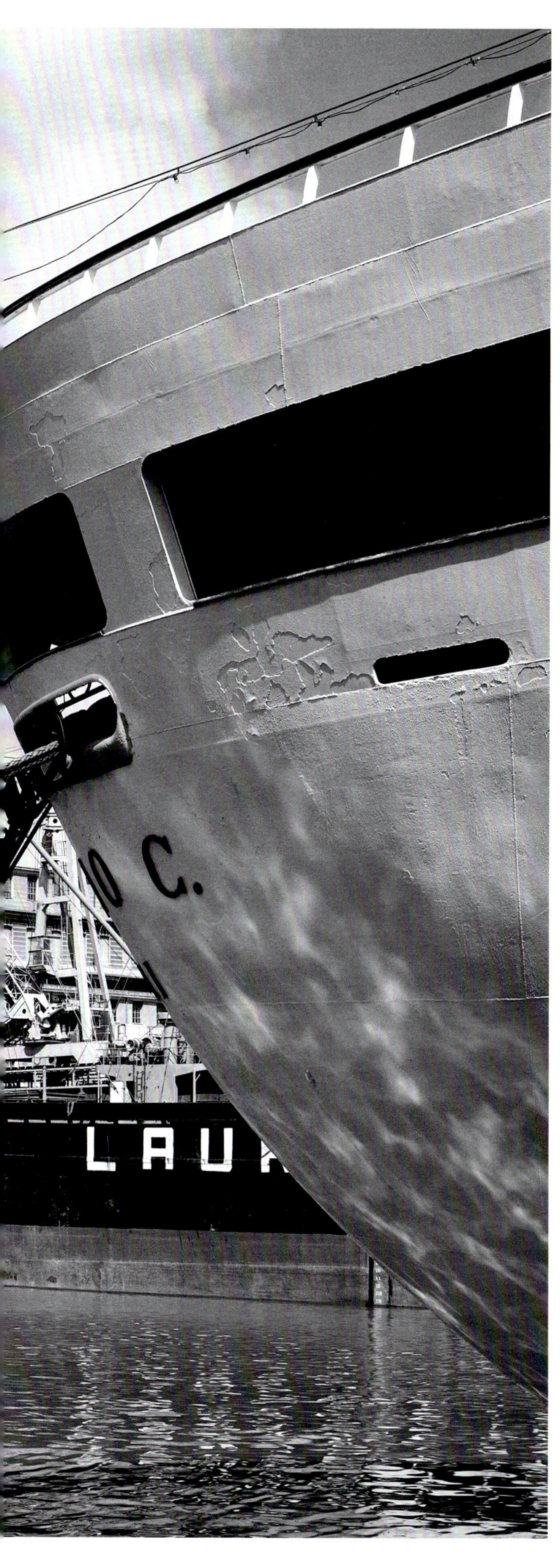

Genova
1985

Milano
1987

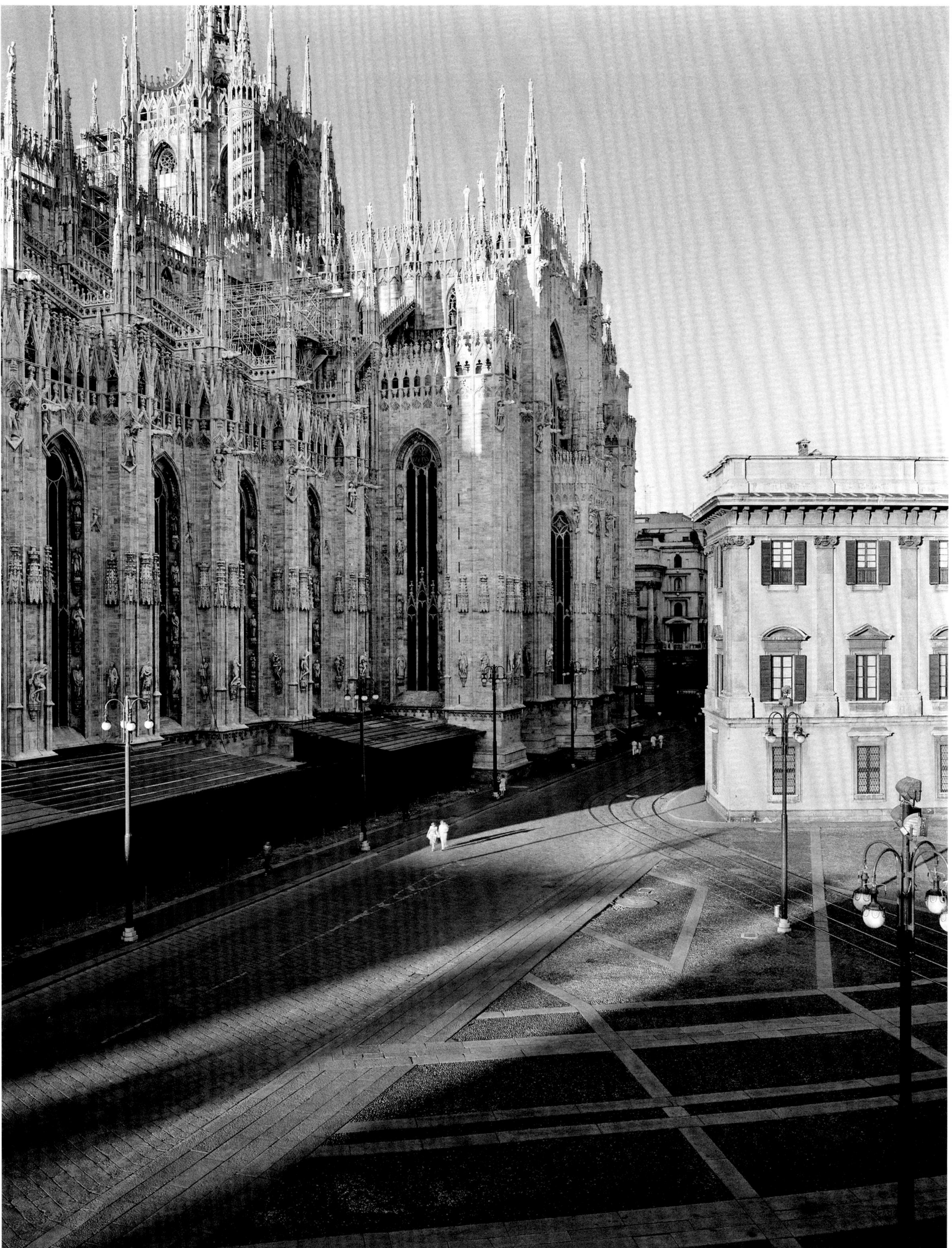

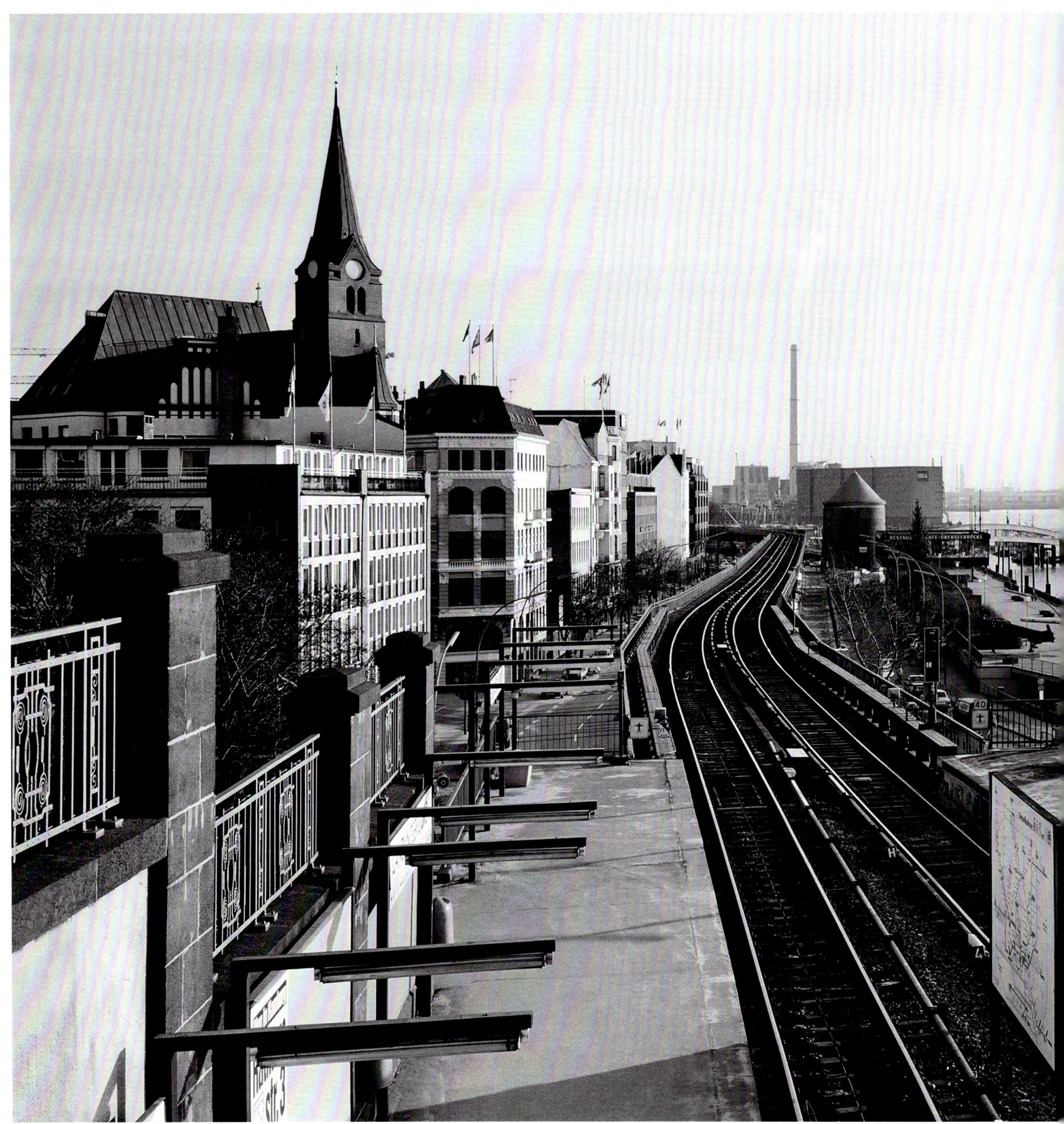

Amburgo
1988

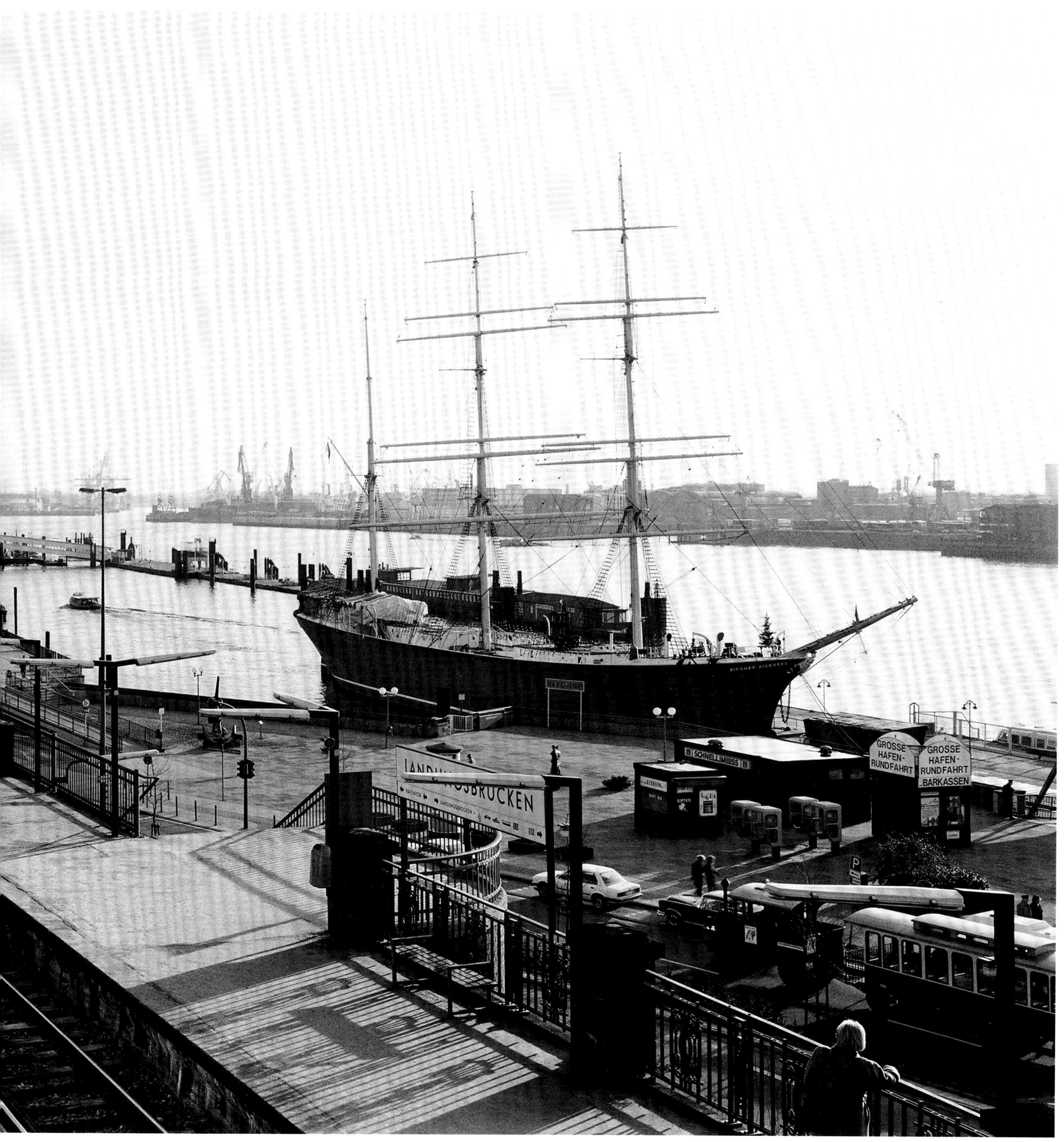

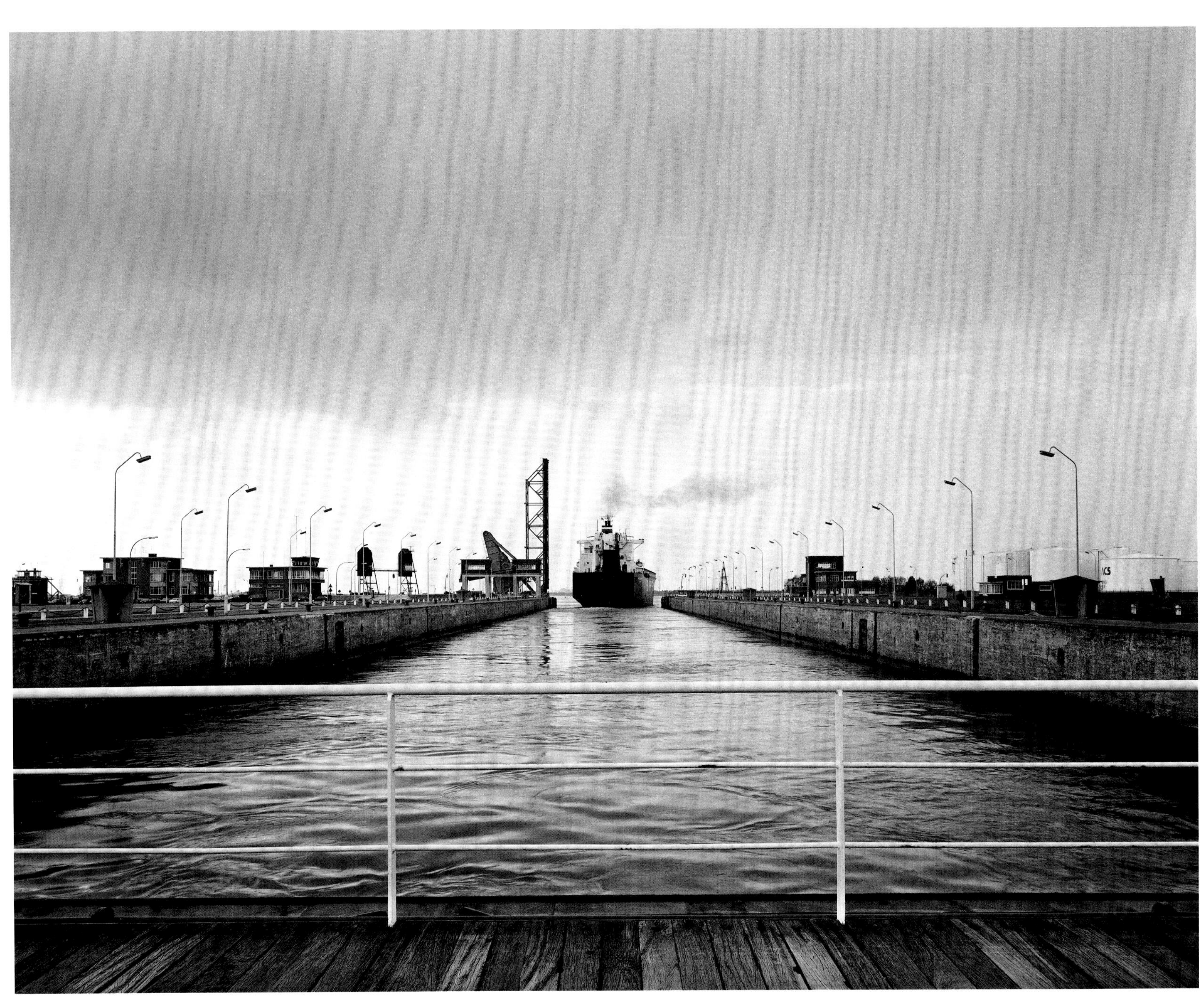

Anversa
1988

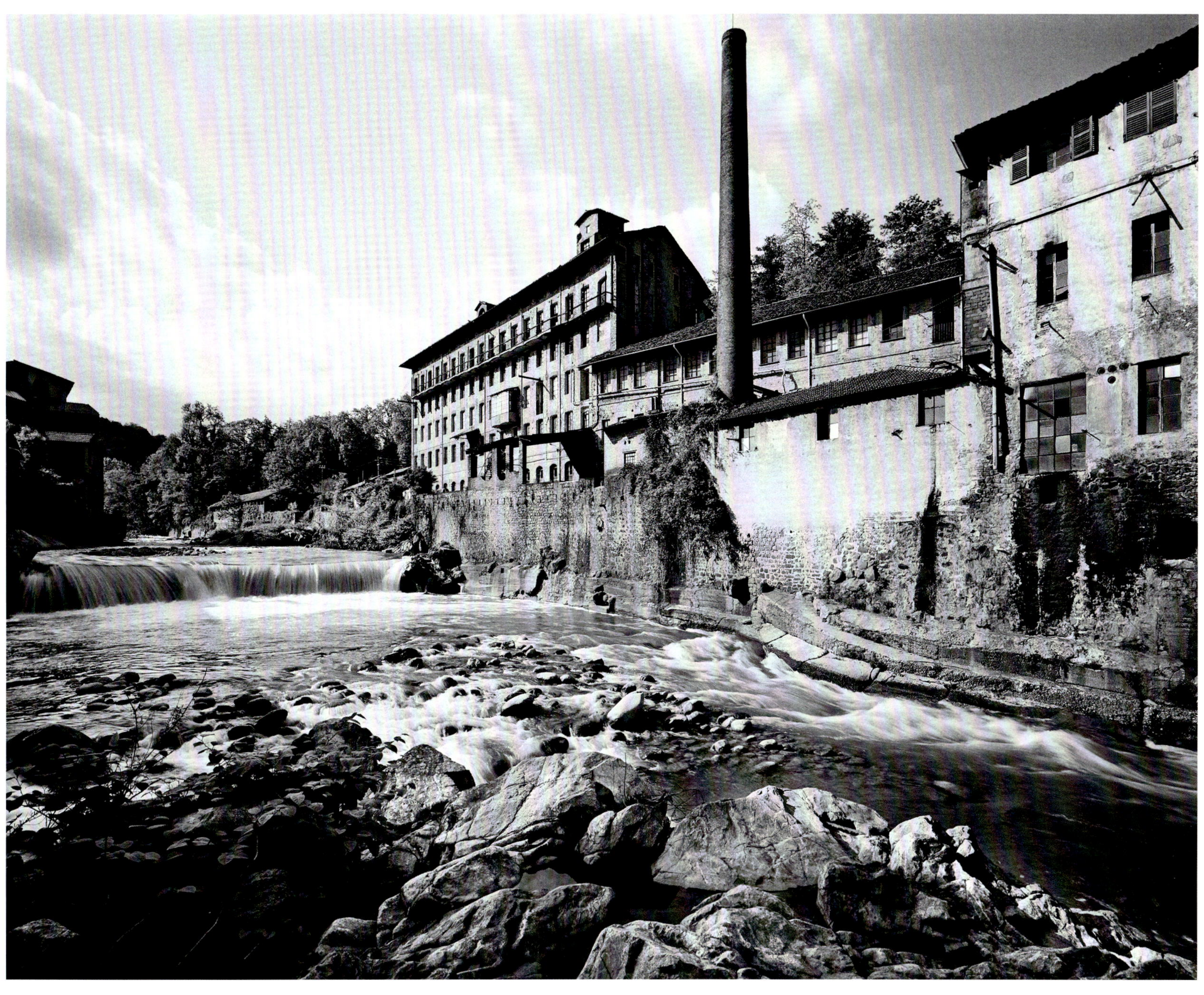

Biella
1988

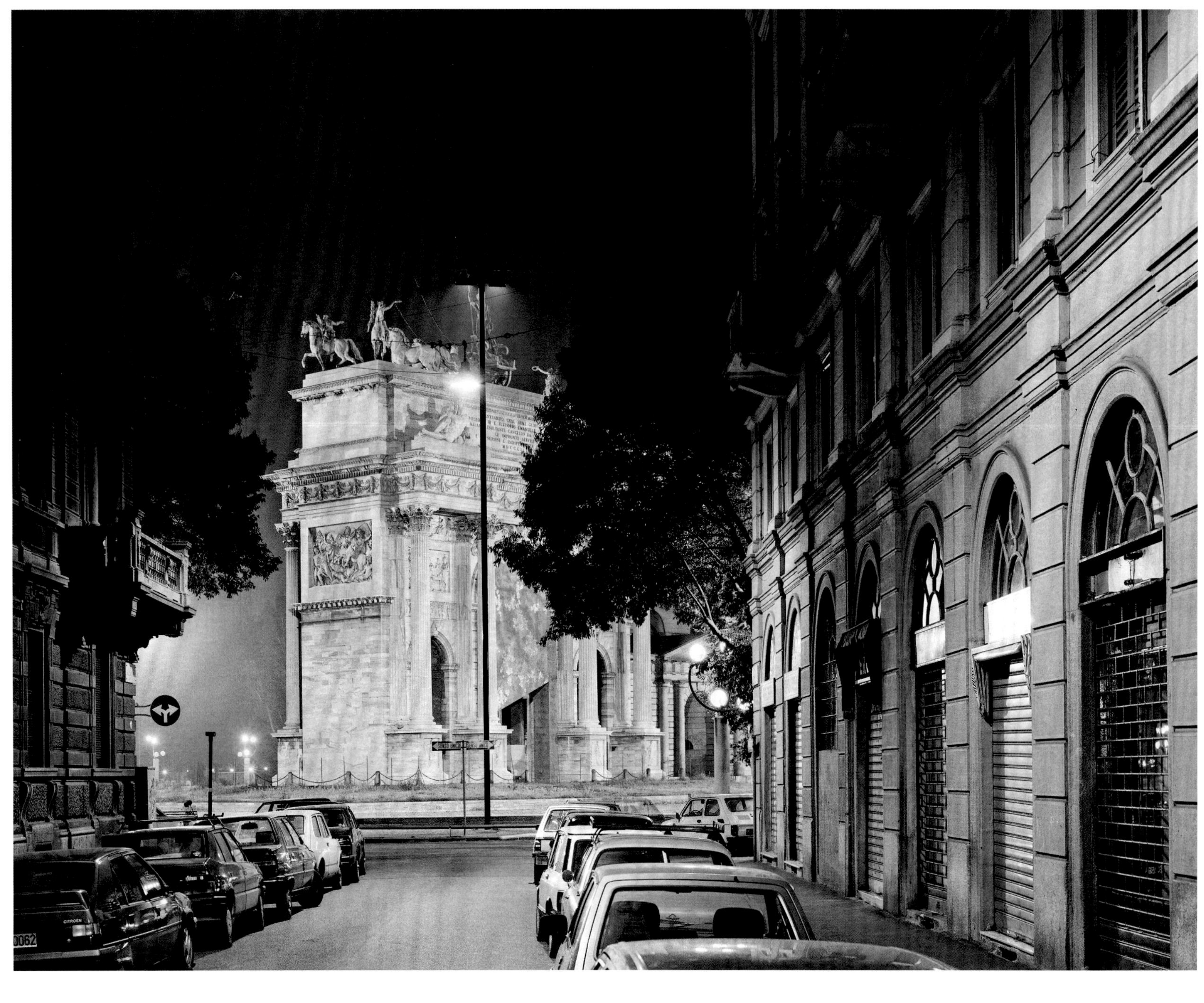

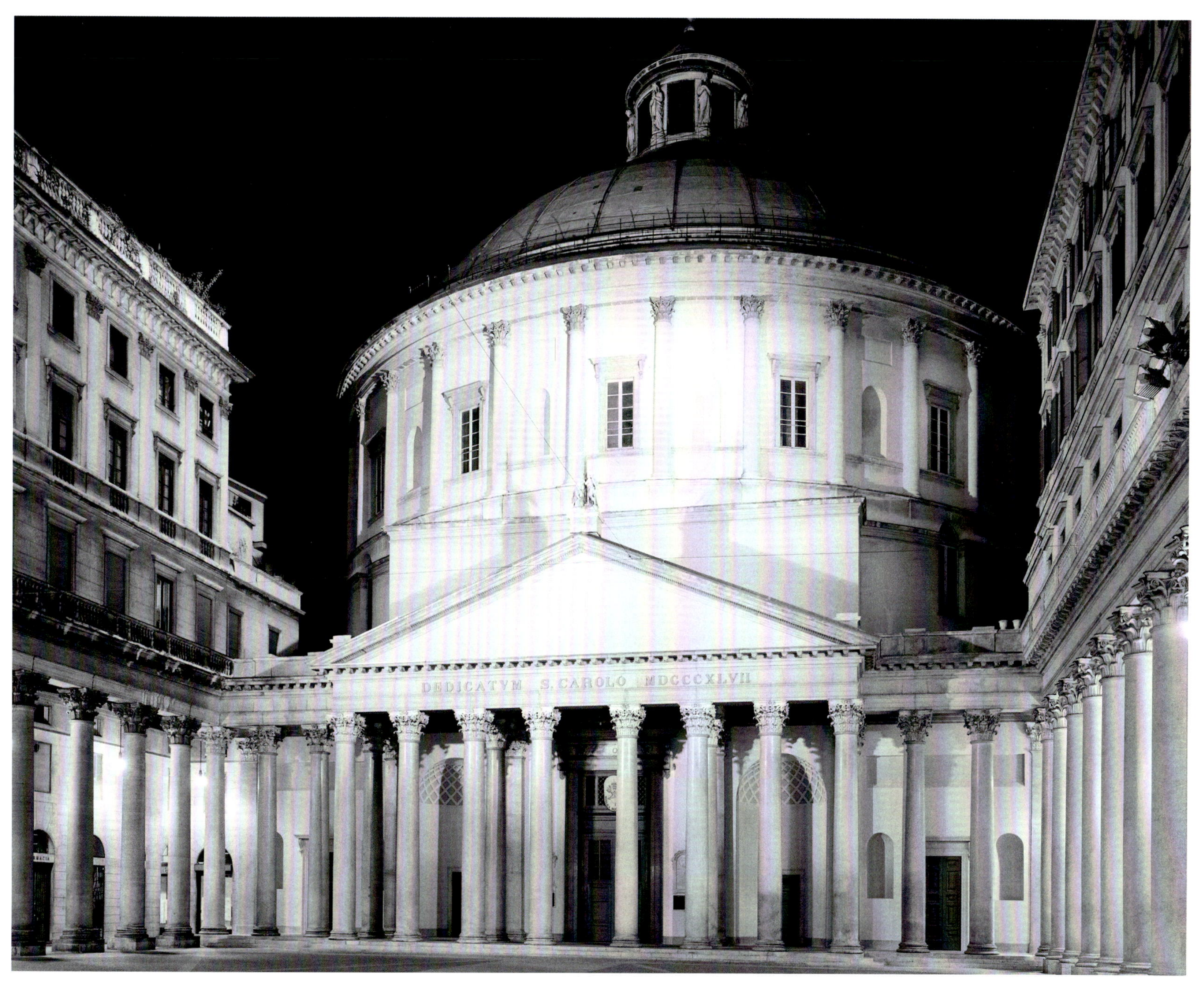
DEDICATVM S. CAROLO MDCCCXLVII

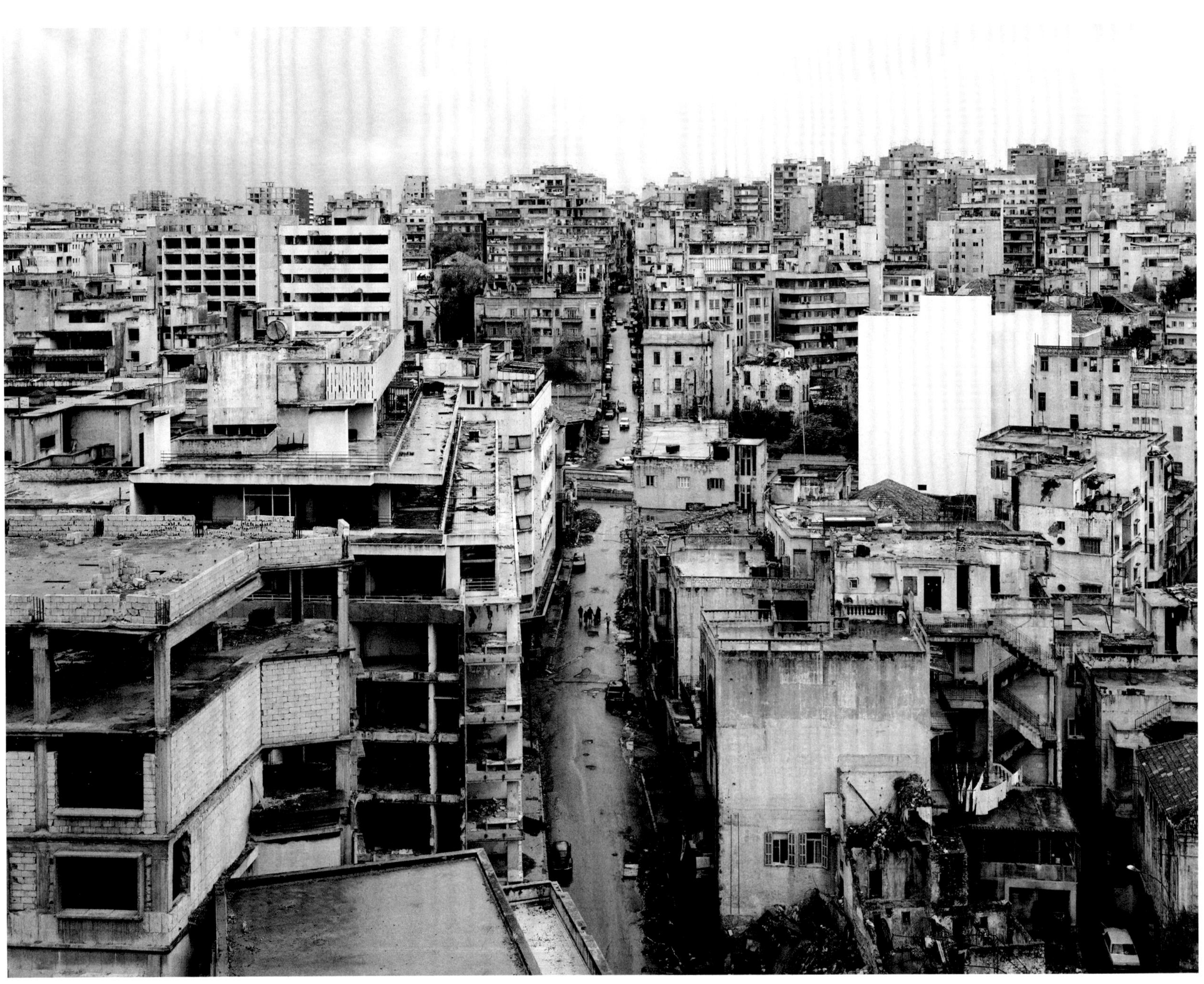

Beirut
1991

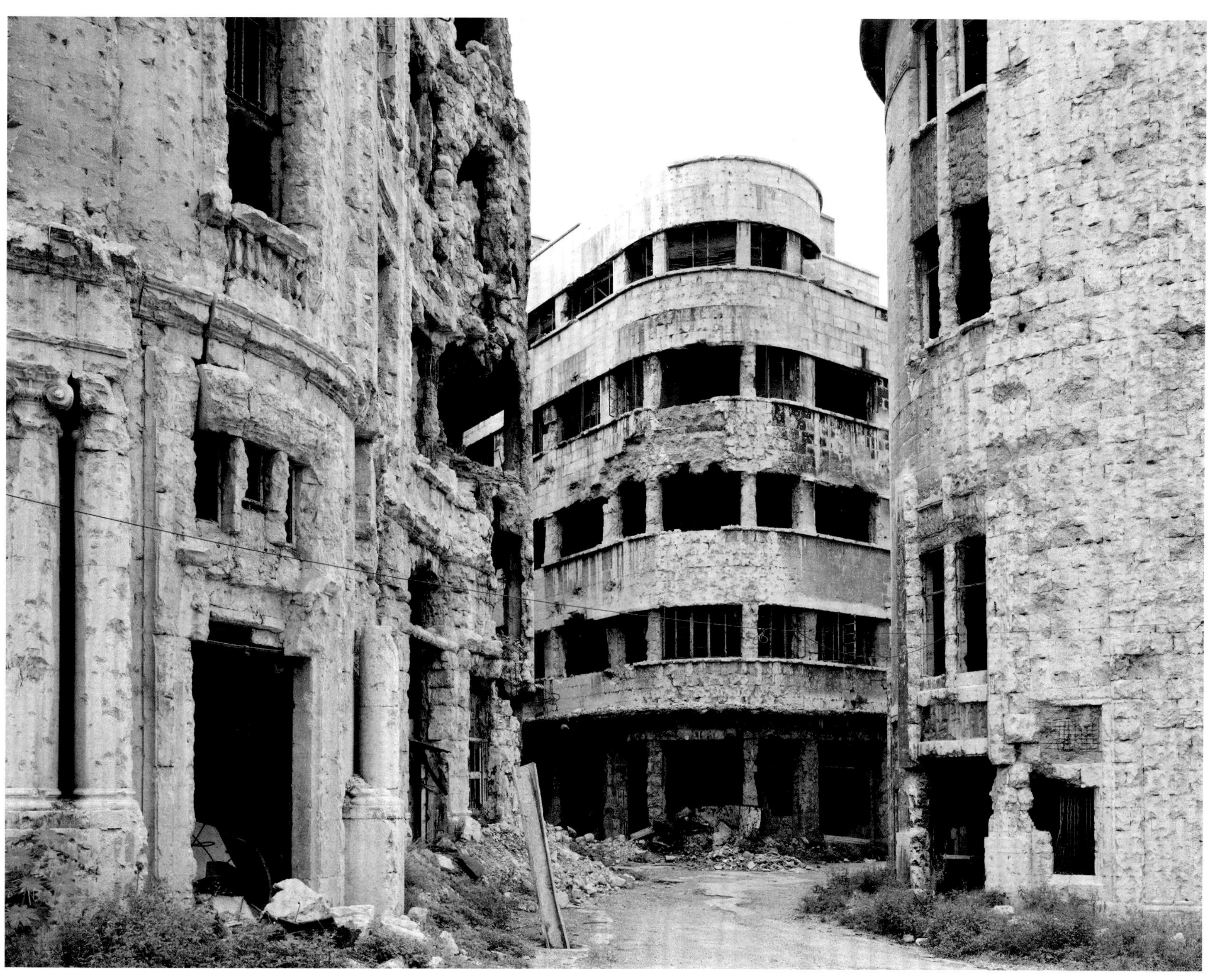

Beirut
1991

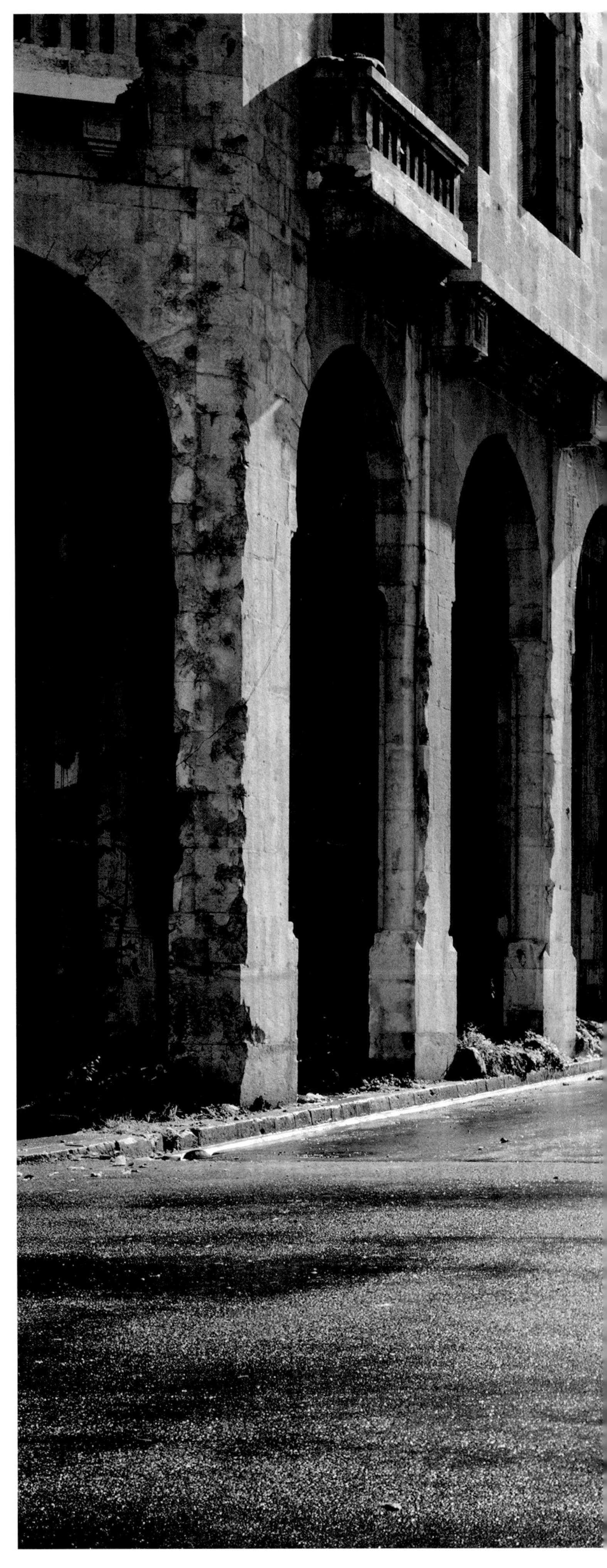

Beirut
1991

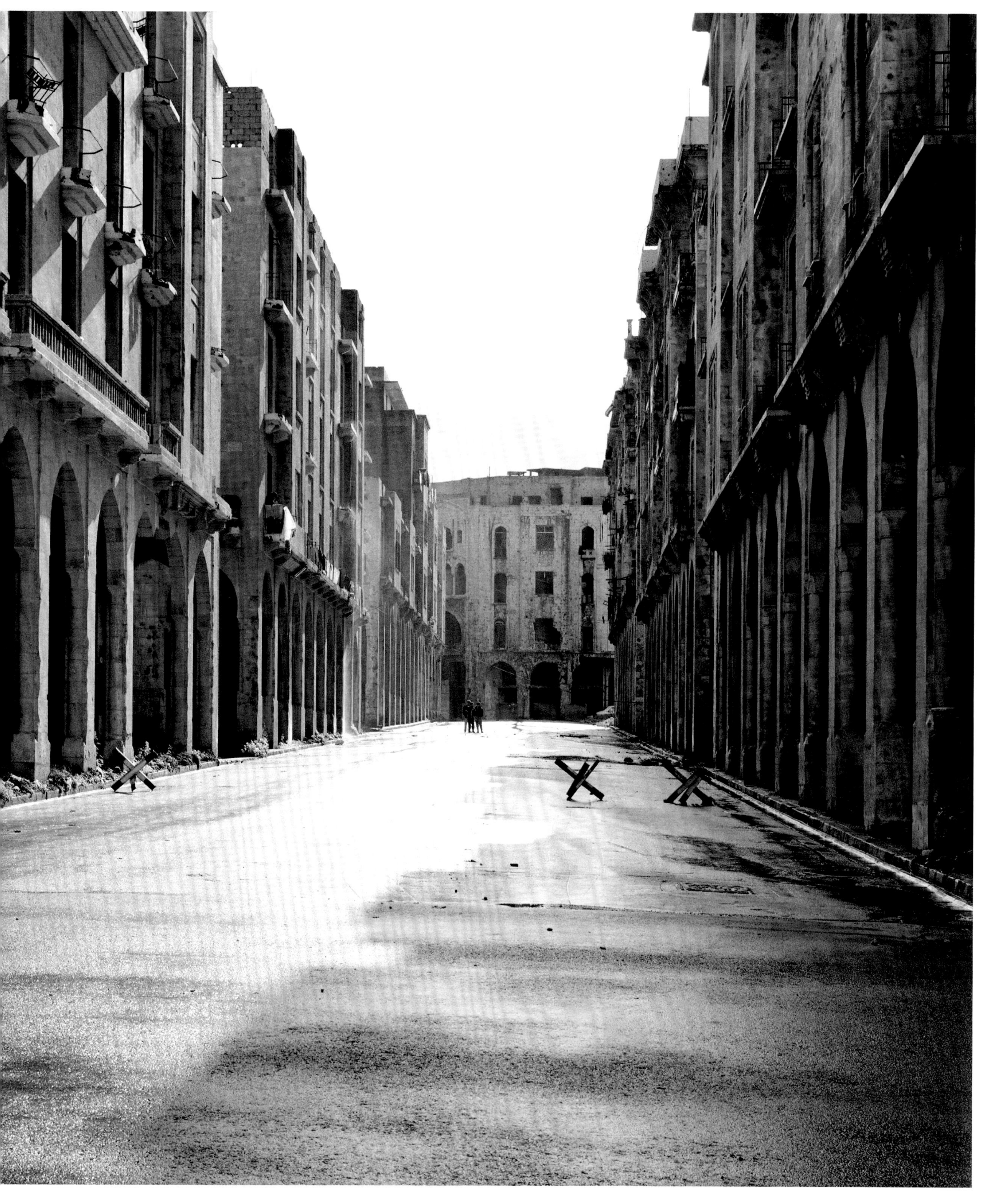

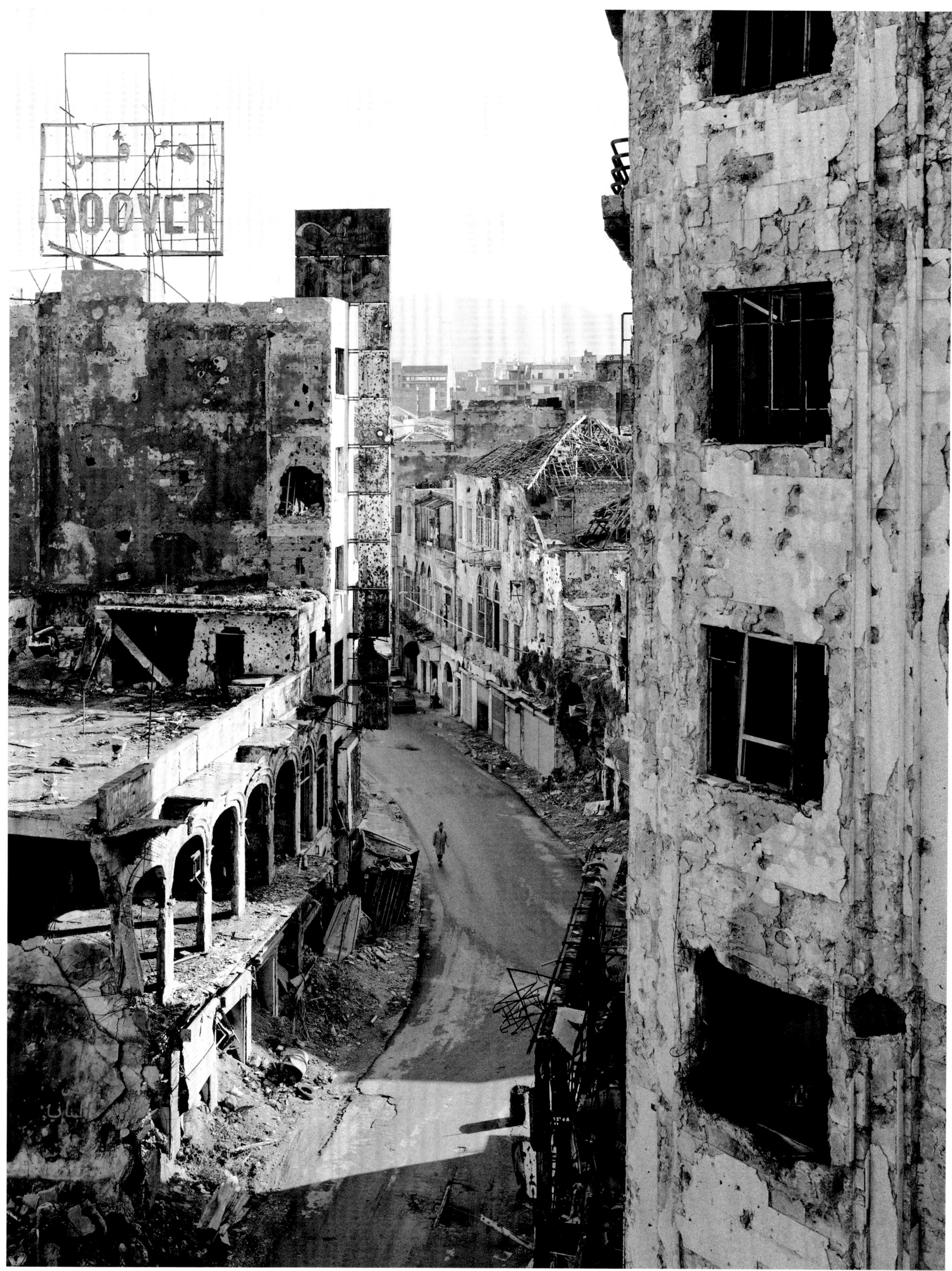

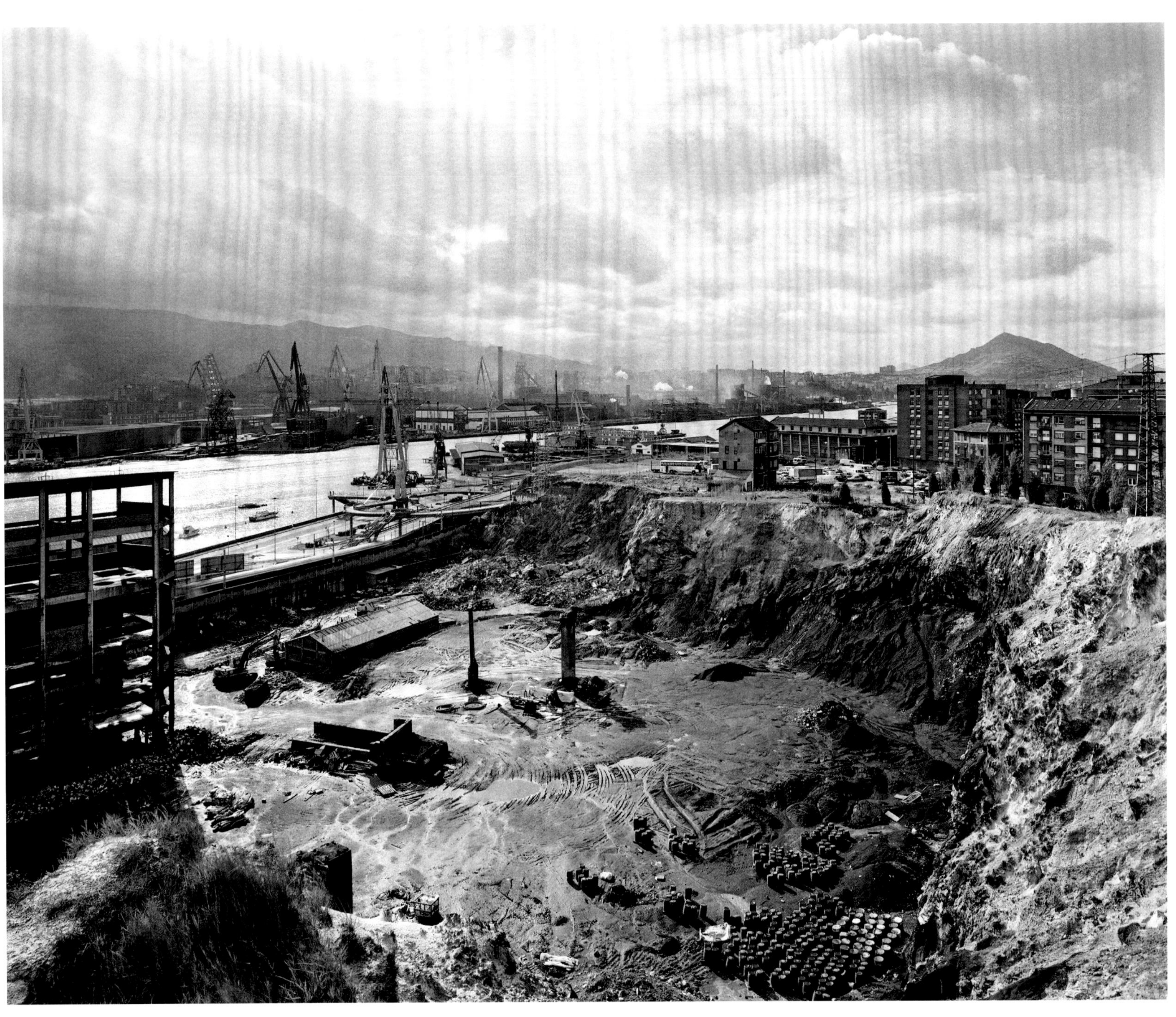

Bilbao
1993

CALLAO
SCHWEPPES
GRUNDIG
HI-FI HiFi RADIO
VIDEO
GRUNDIG
HOTEL CAPIT
Banco Atlántico
HOSTAL
Atrapado en el Tiempo
Jennifer
ES LA PROXIMA

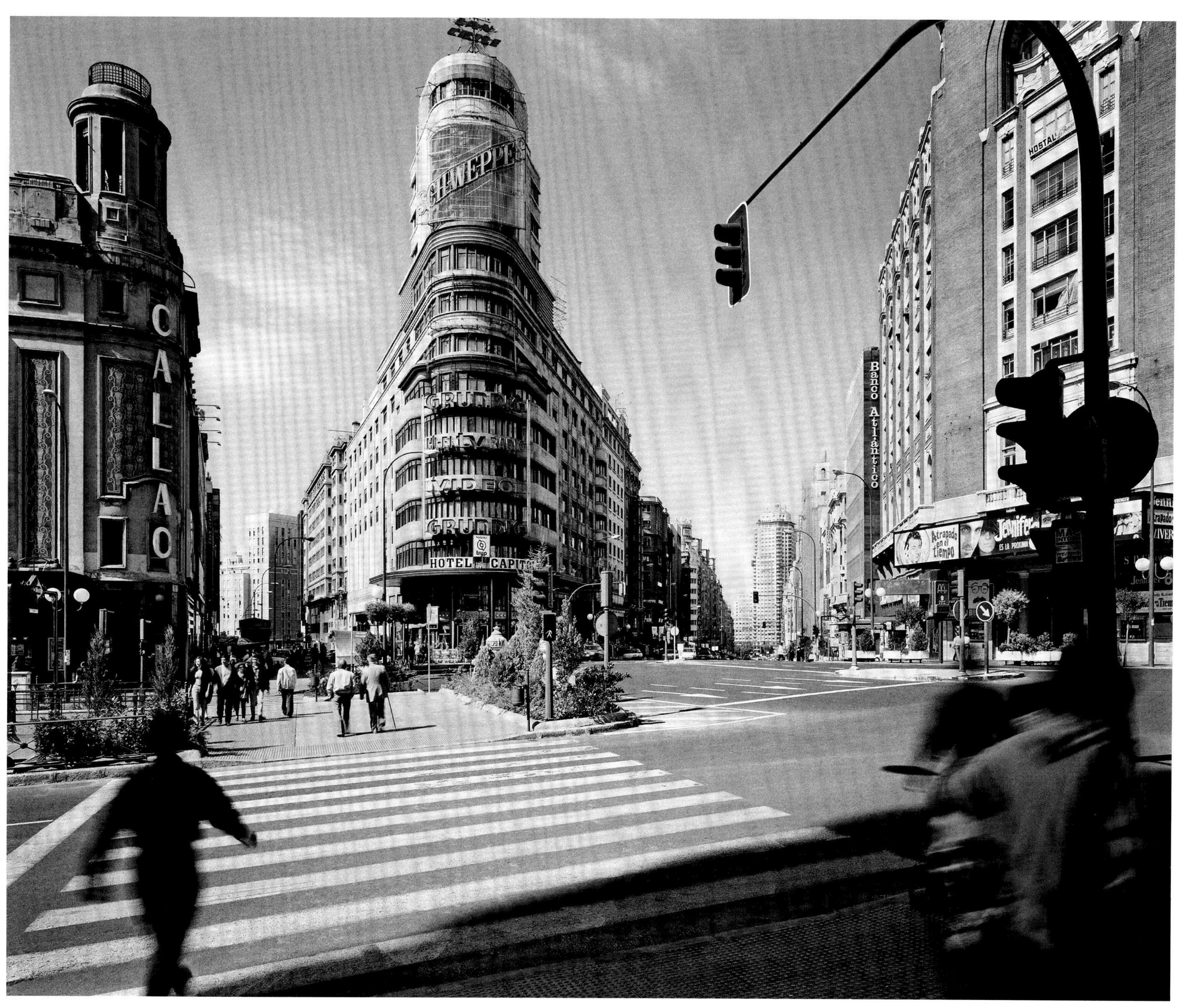

Madrid
1993

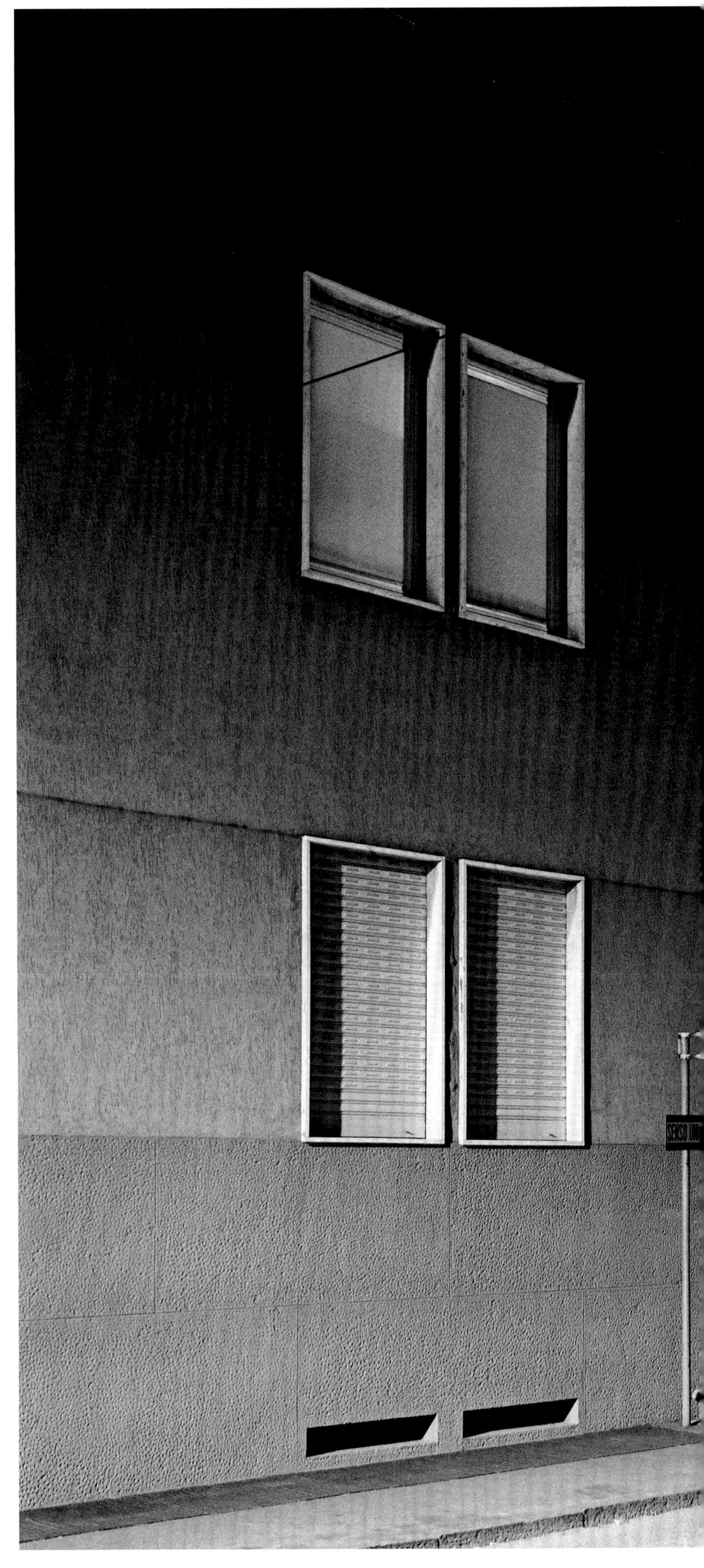

Milano
1995

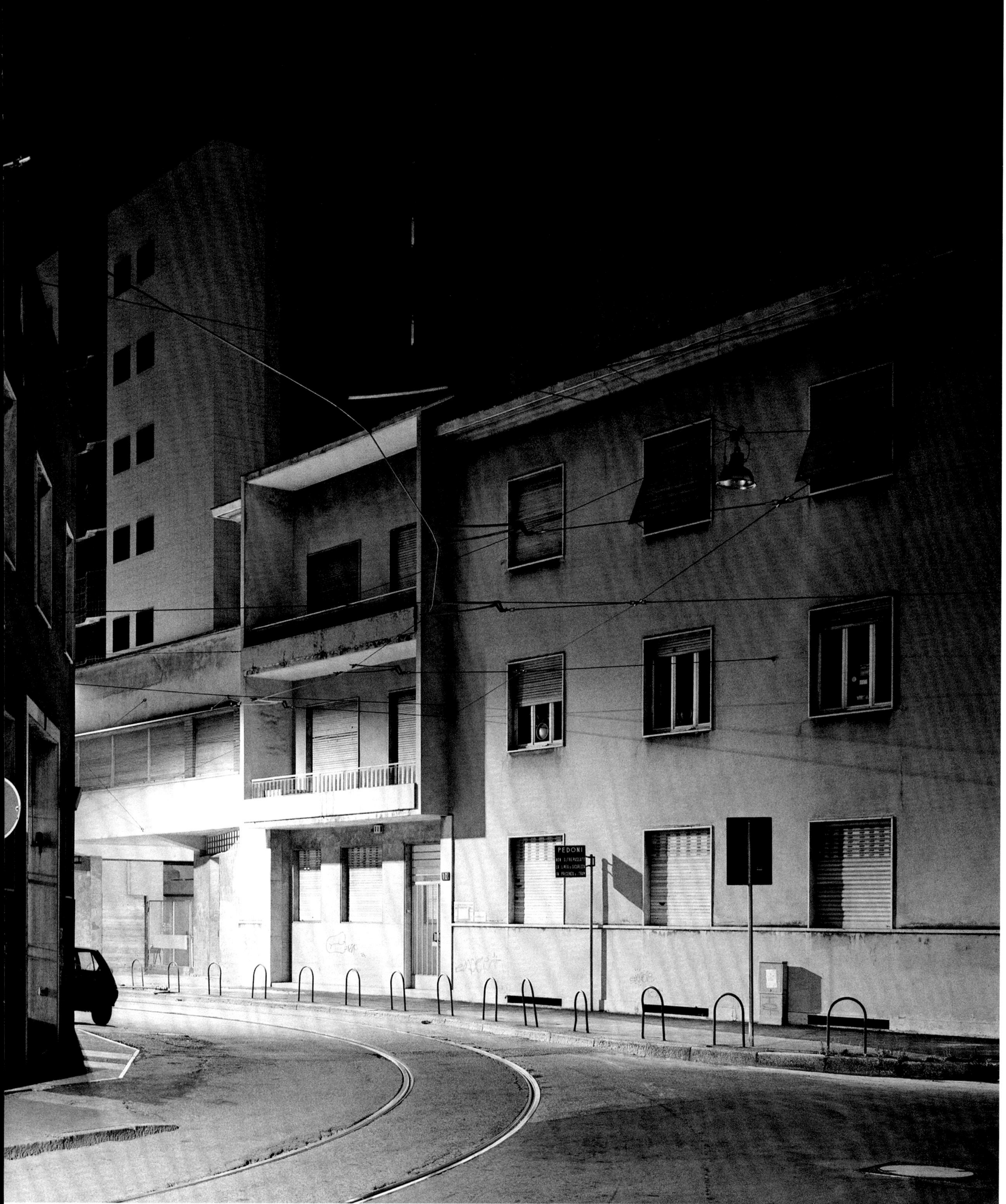

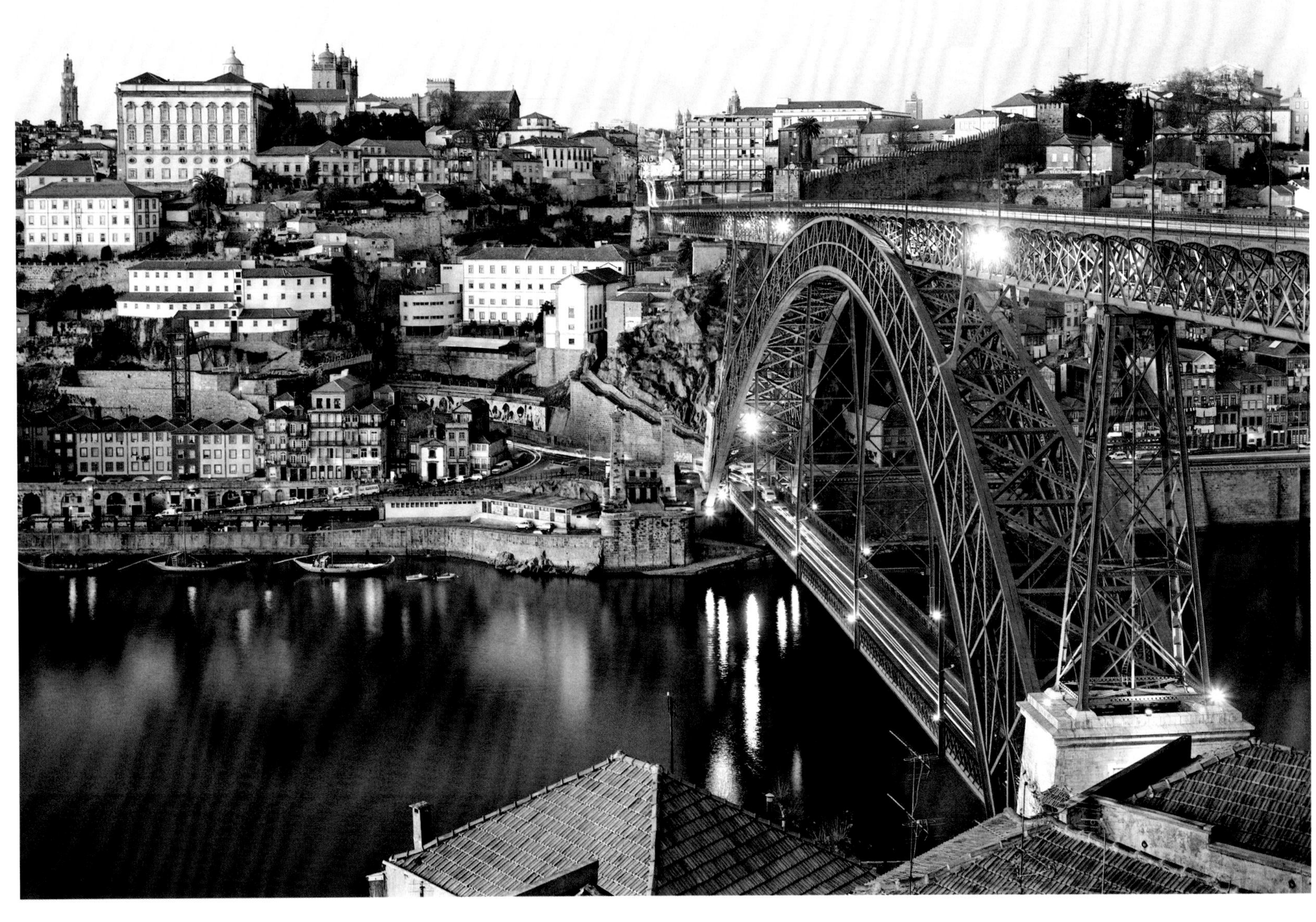

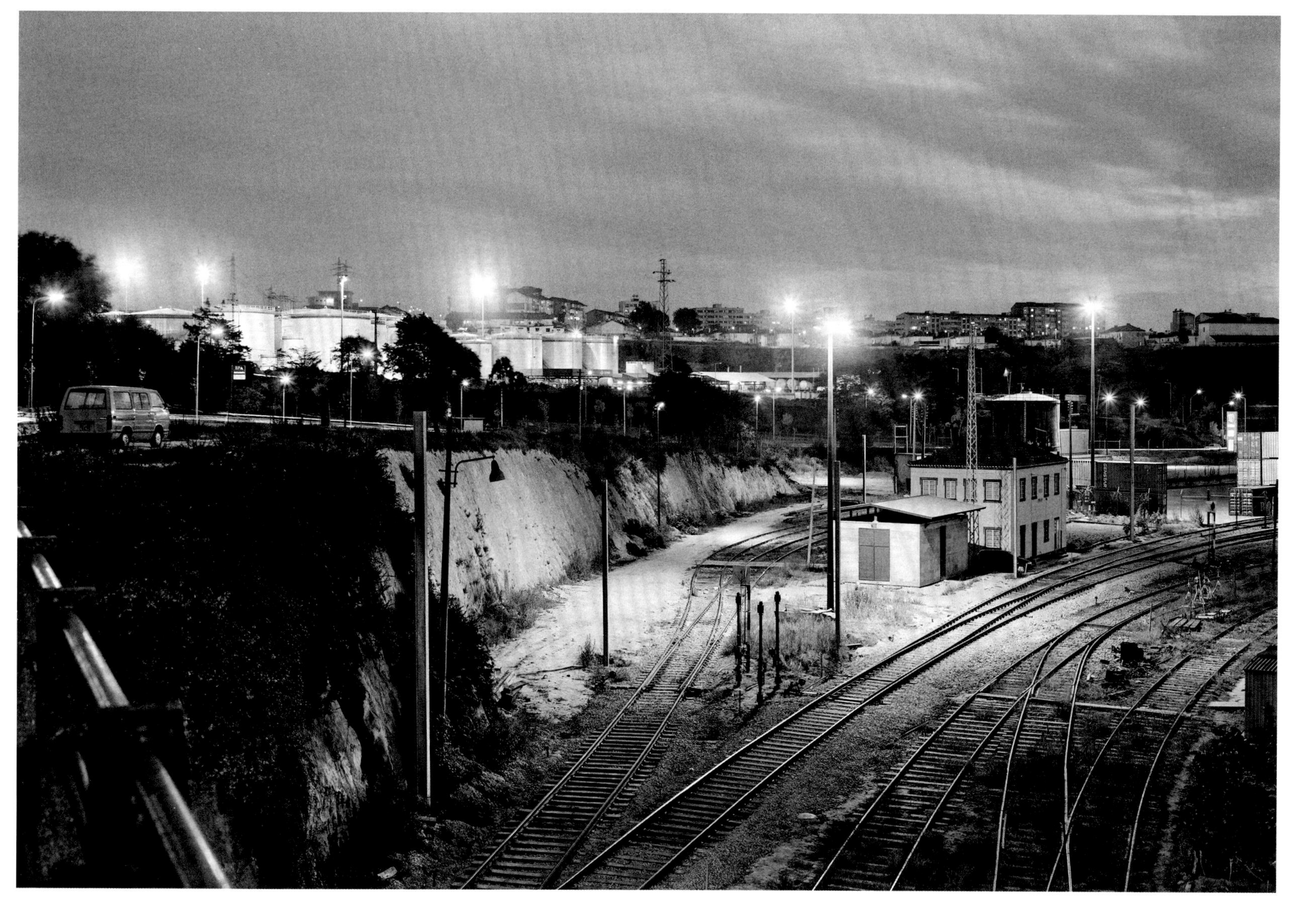

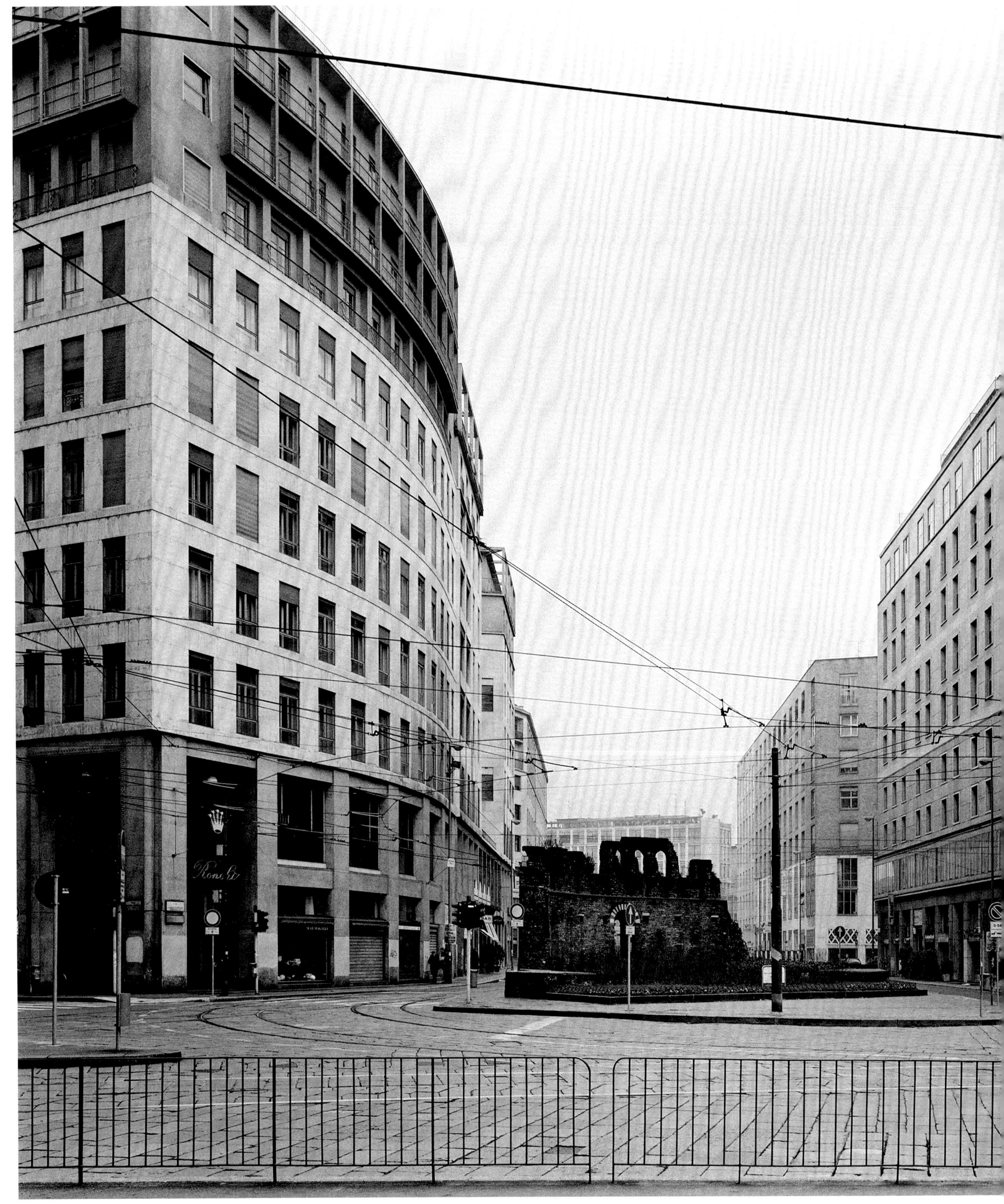

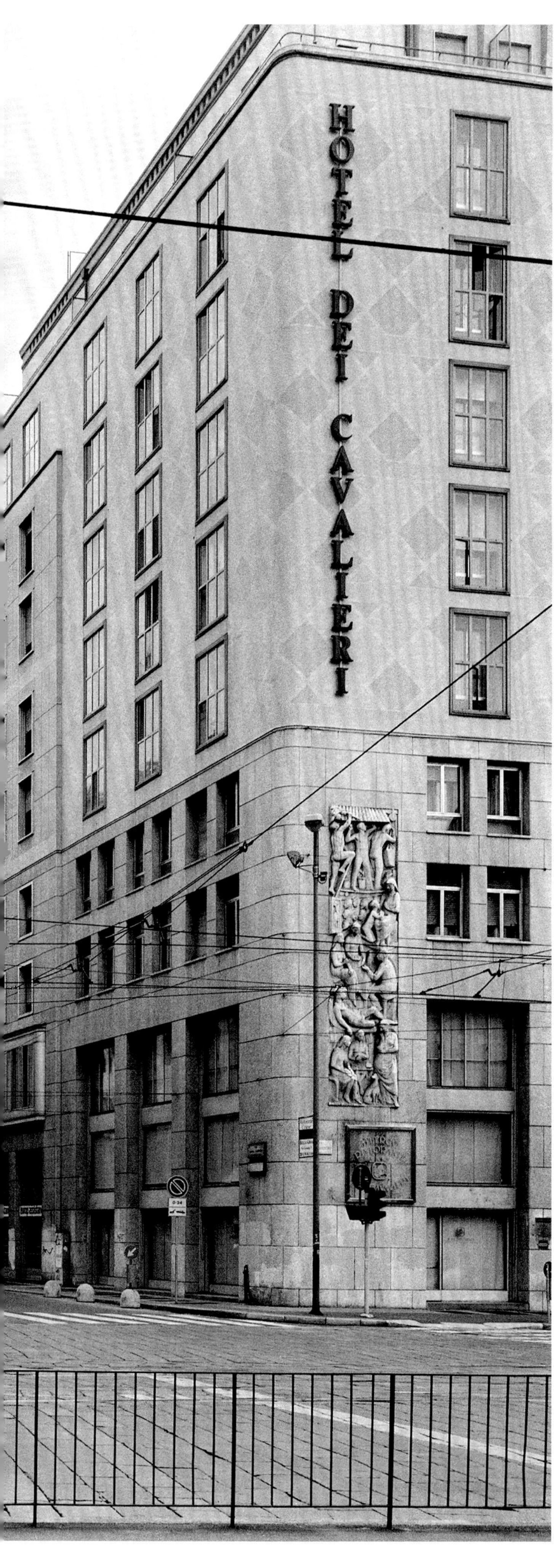

Milano
1996

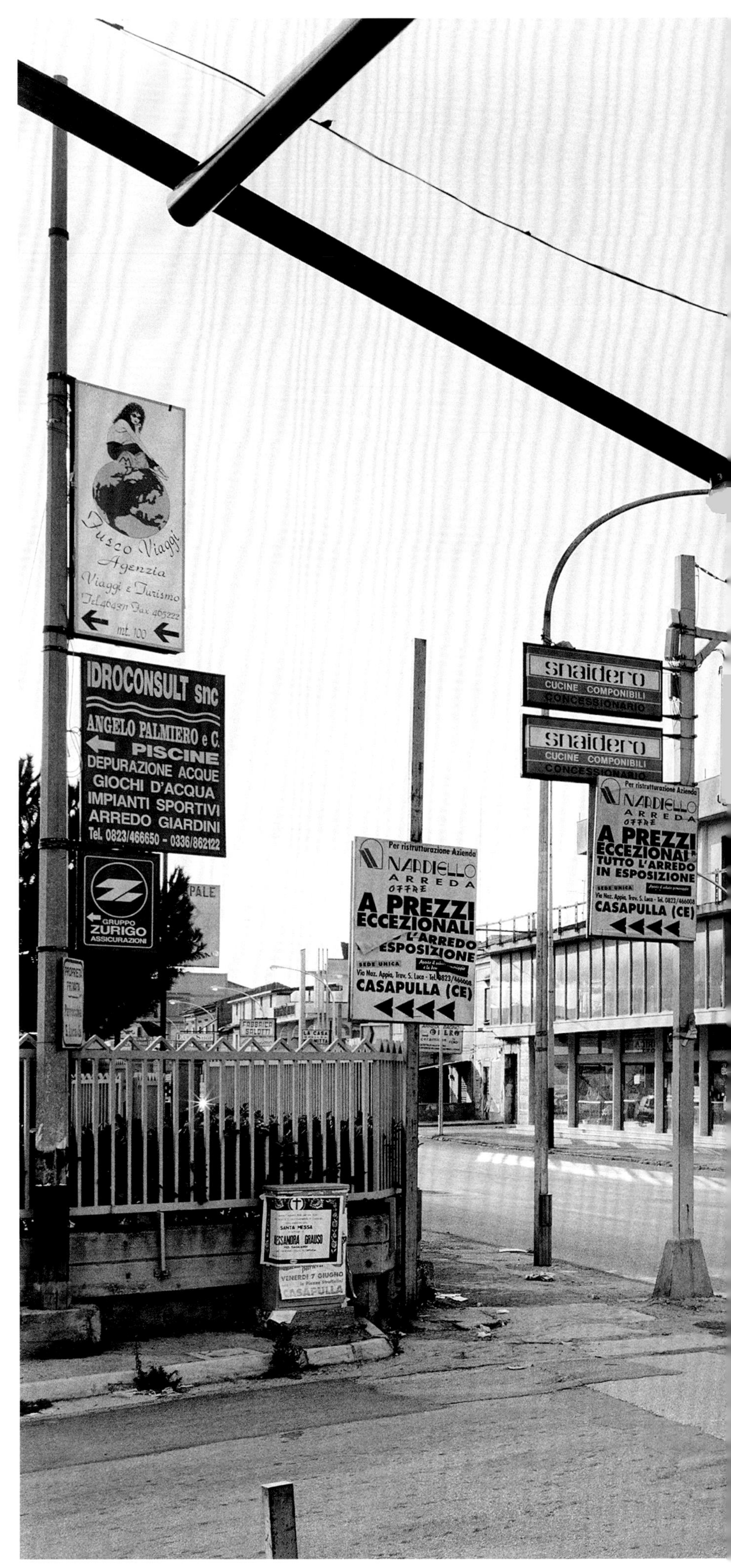

Casapulla (Caserta)
1996

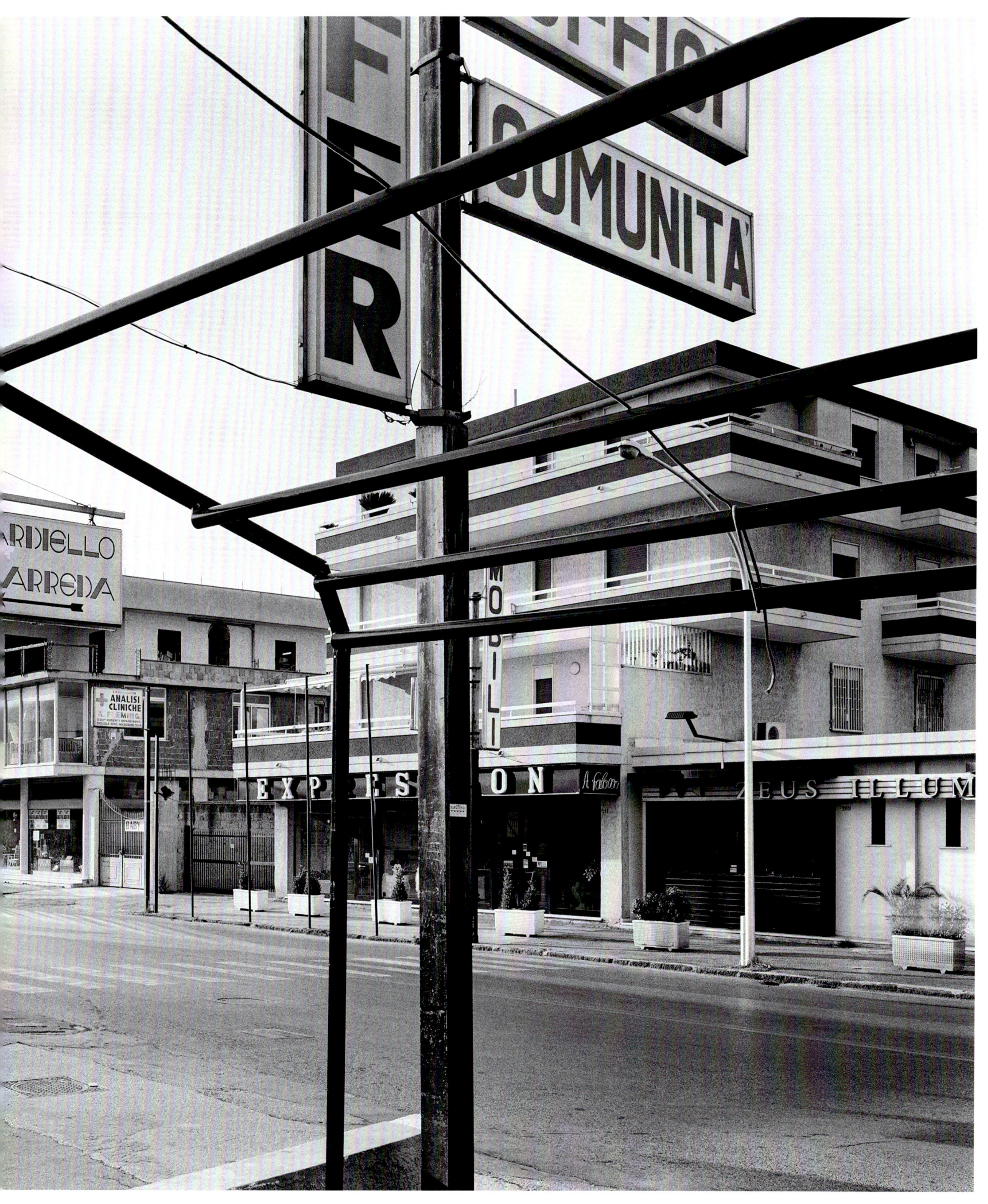

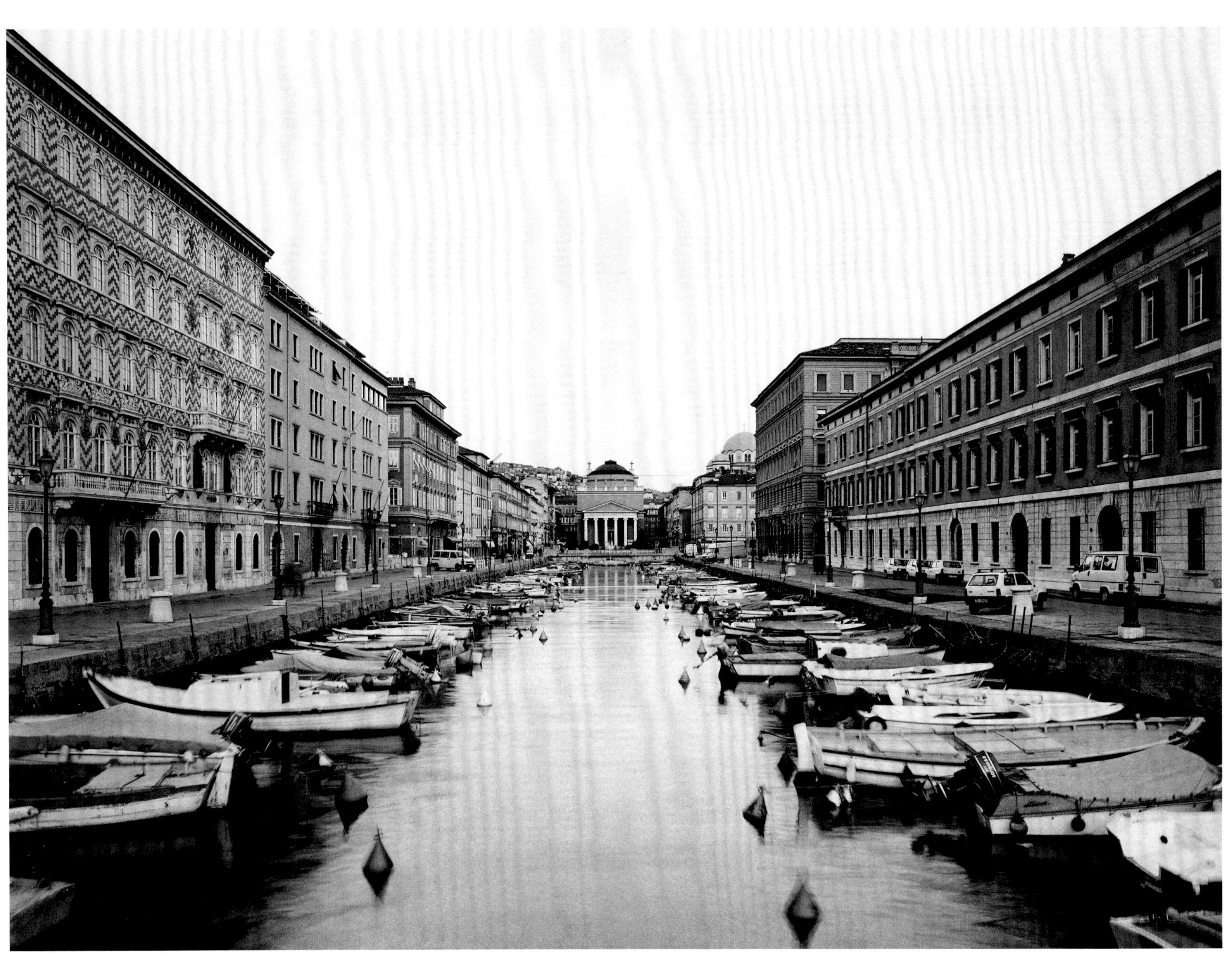

Trieste
1996

kvz
Winterthur
Schaffhausen
Flughafen
Höngg
Kaufmännis
Zürich

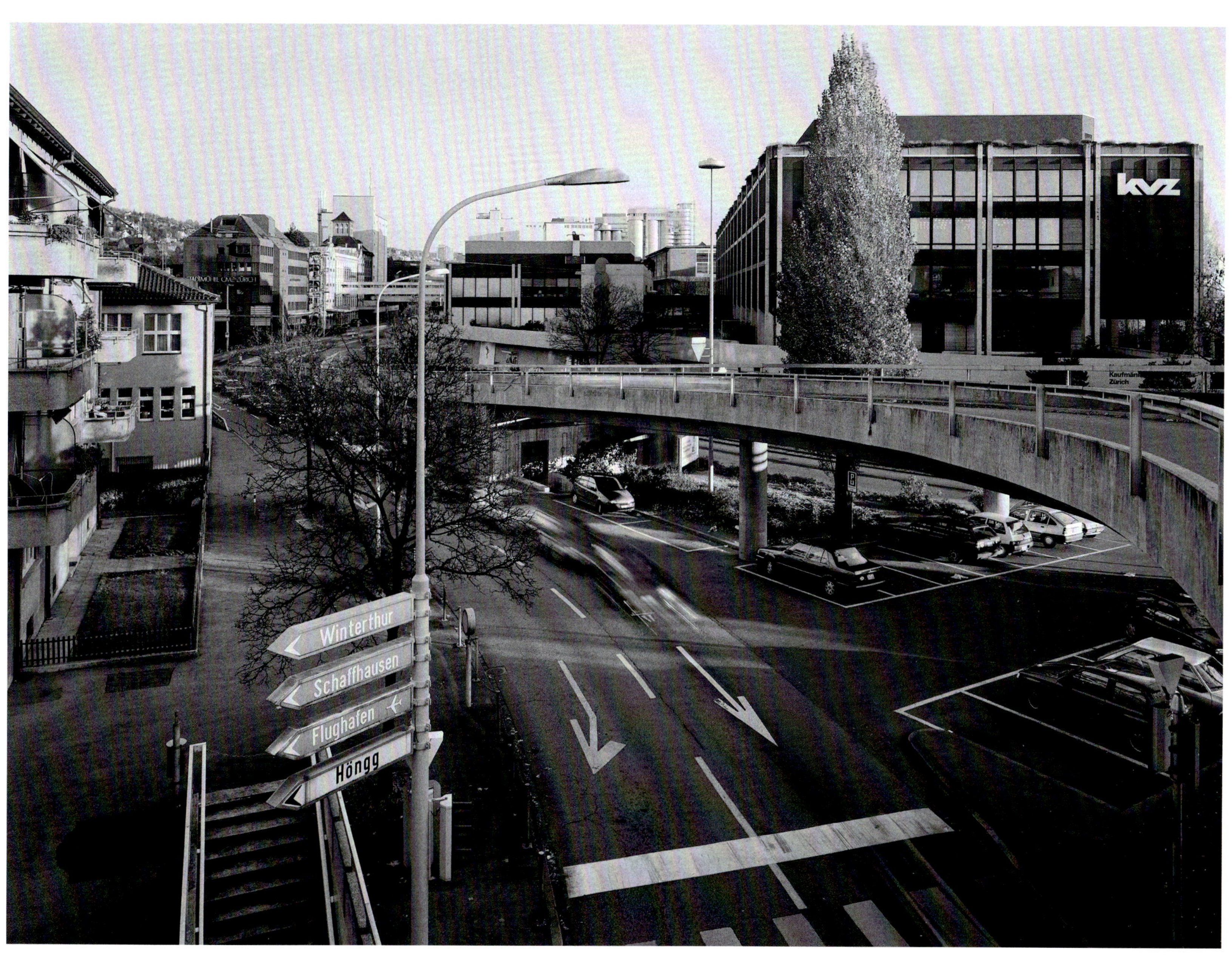

Zurigo
1996

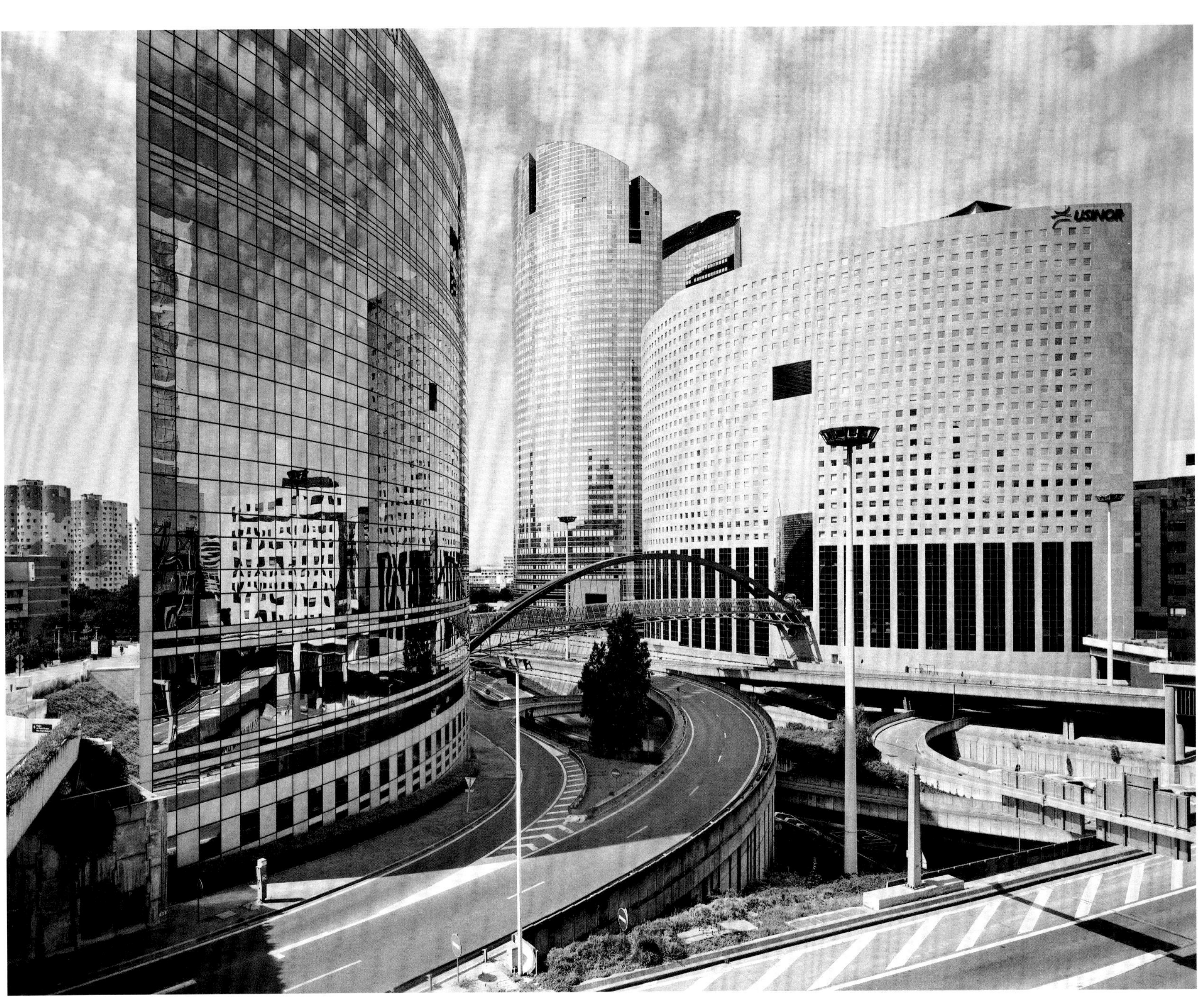

Parigi
1997

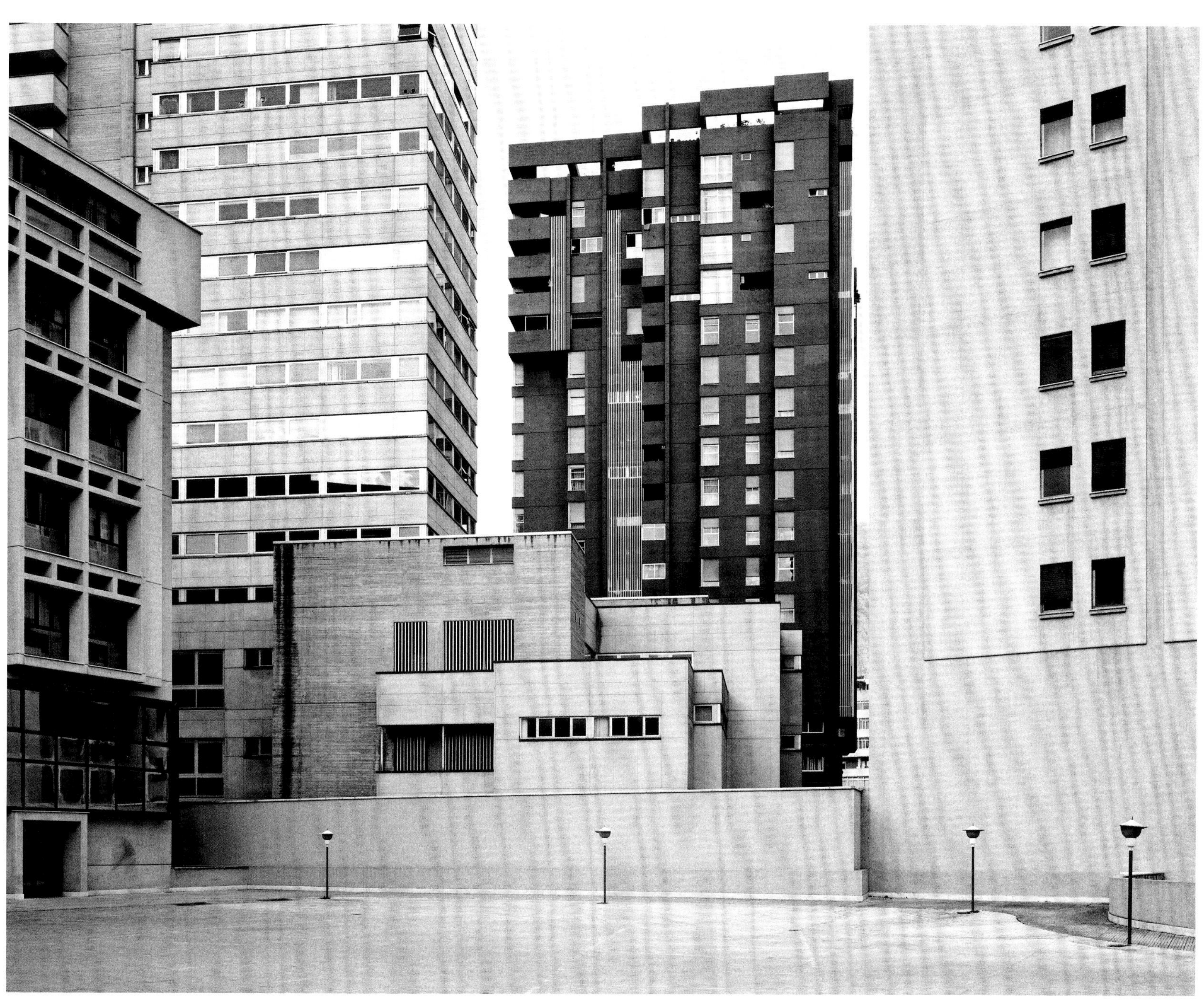

Palermo
1998

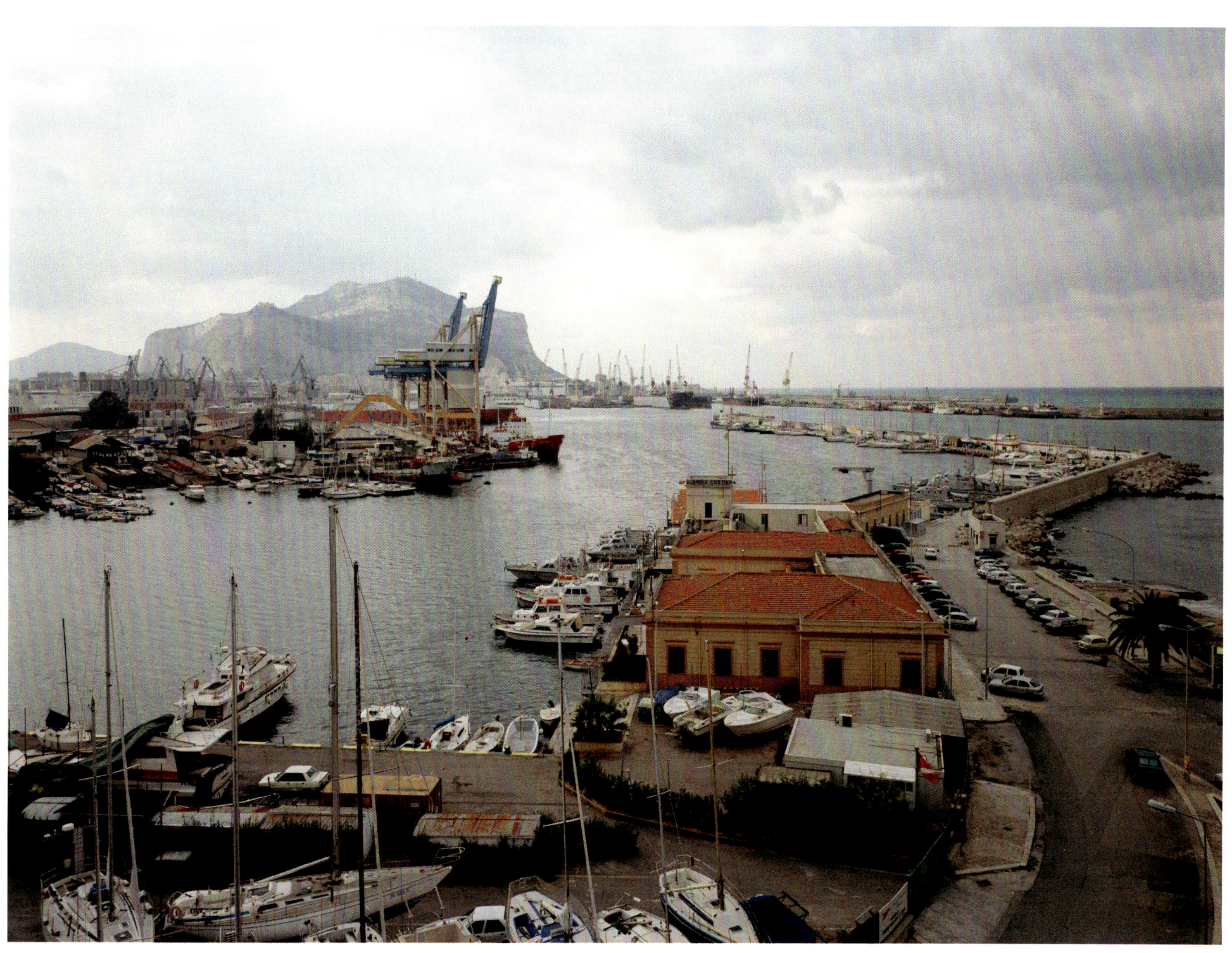

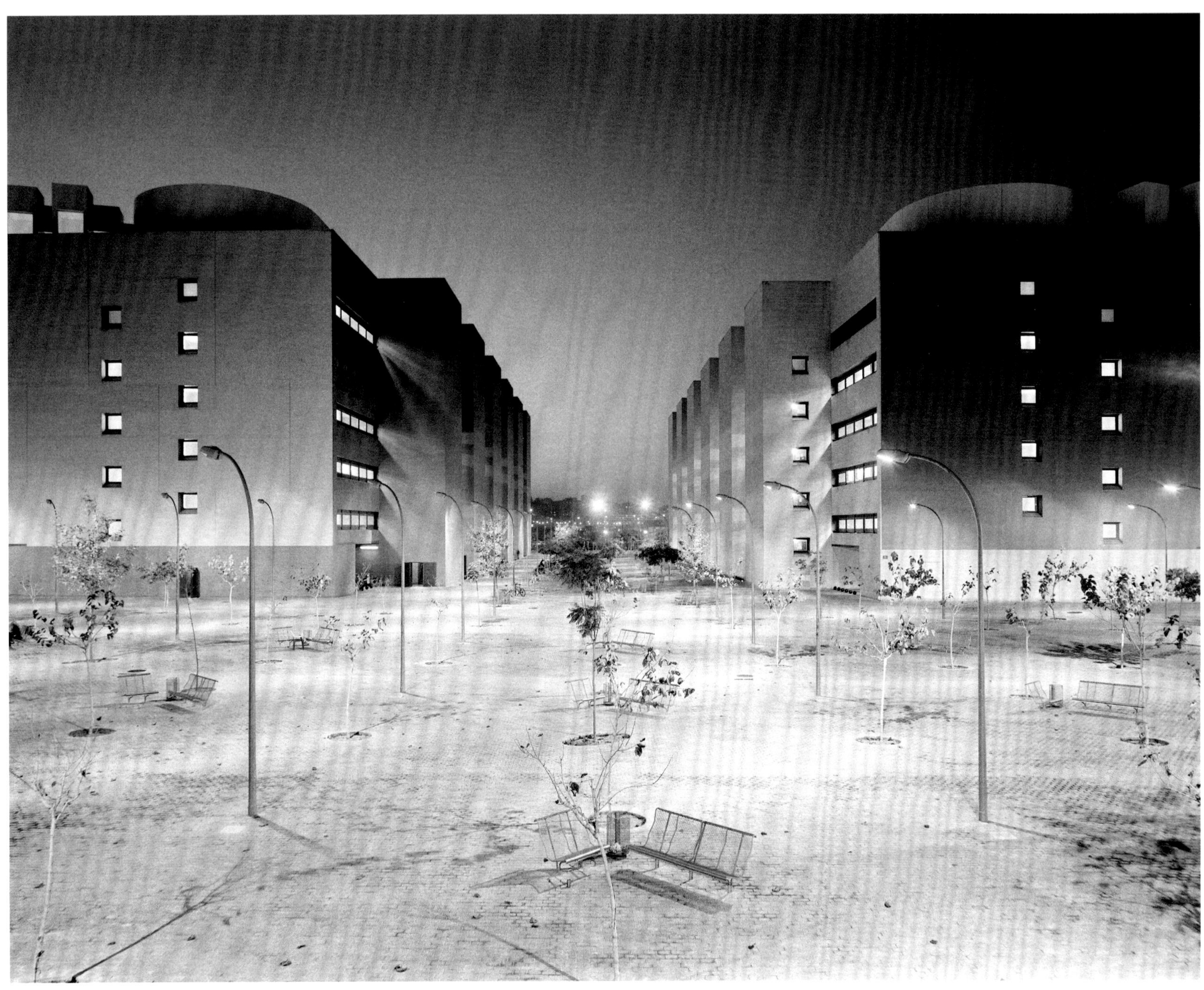

Valencia
1998

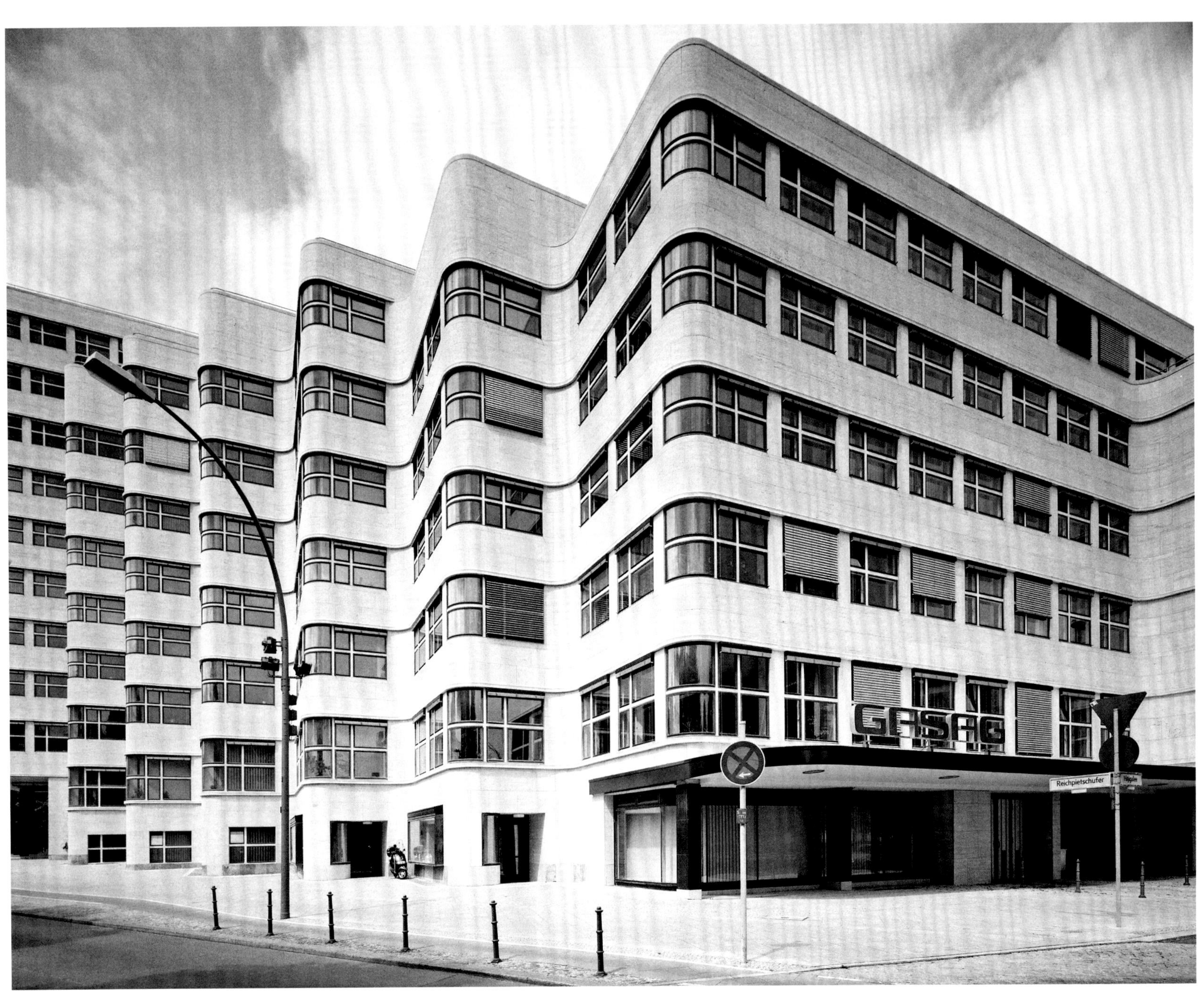

Berlino
2000

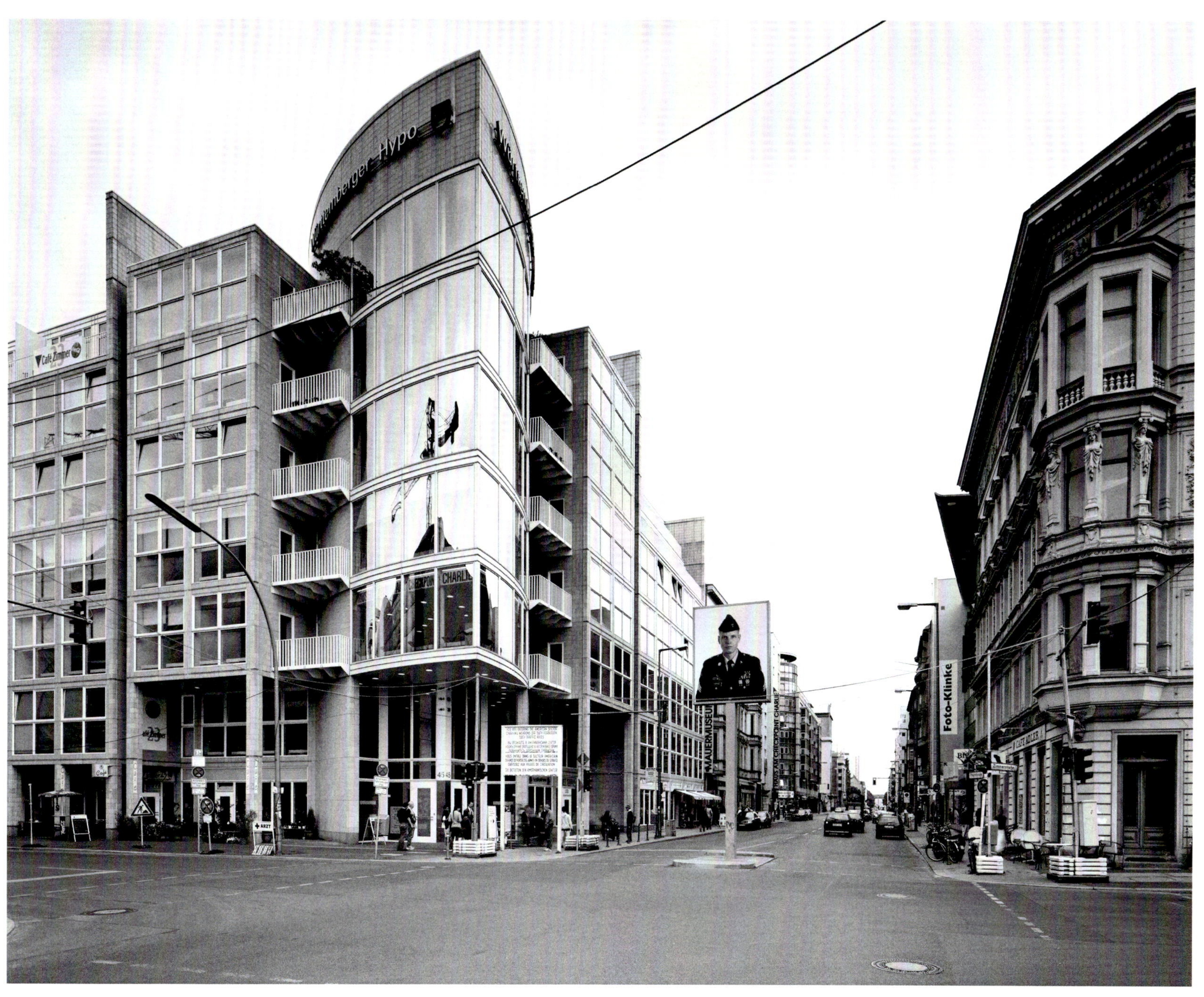

Berlino
2000

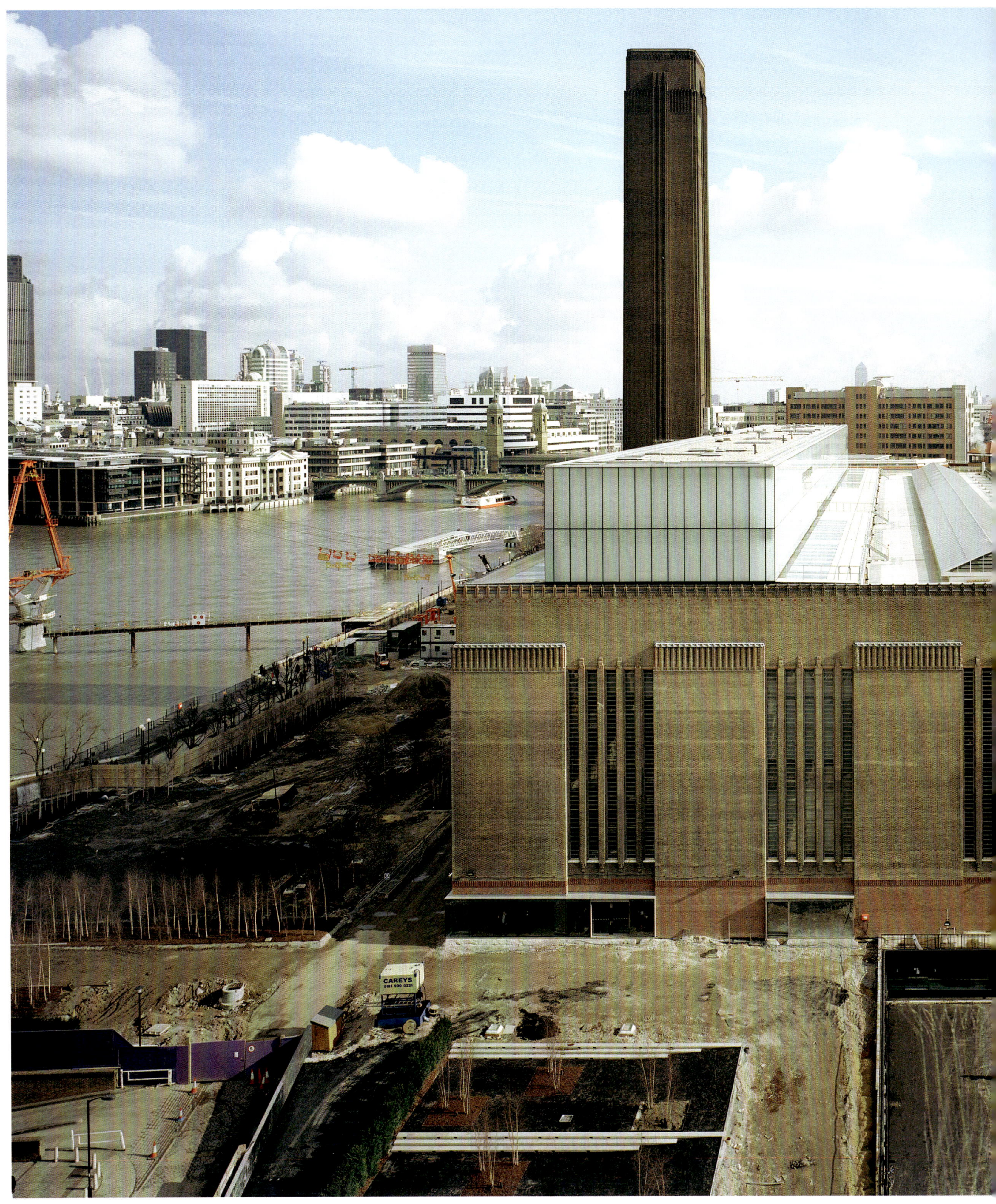
CAREYS
0181 900 0221

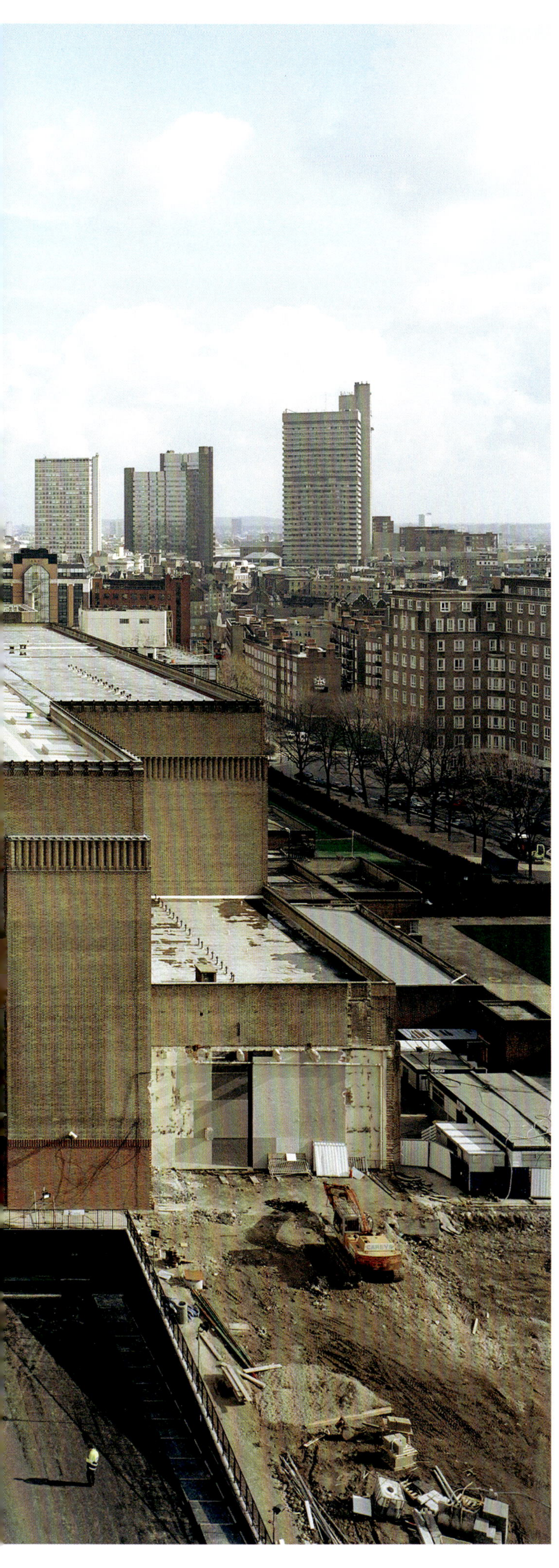

Londra
2000

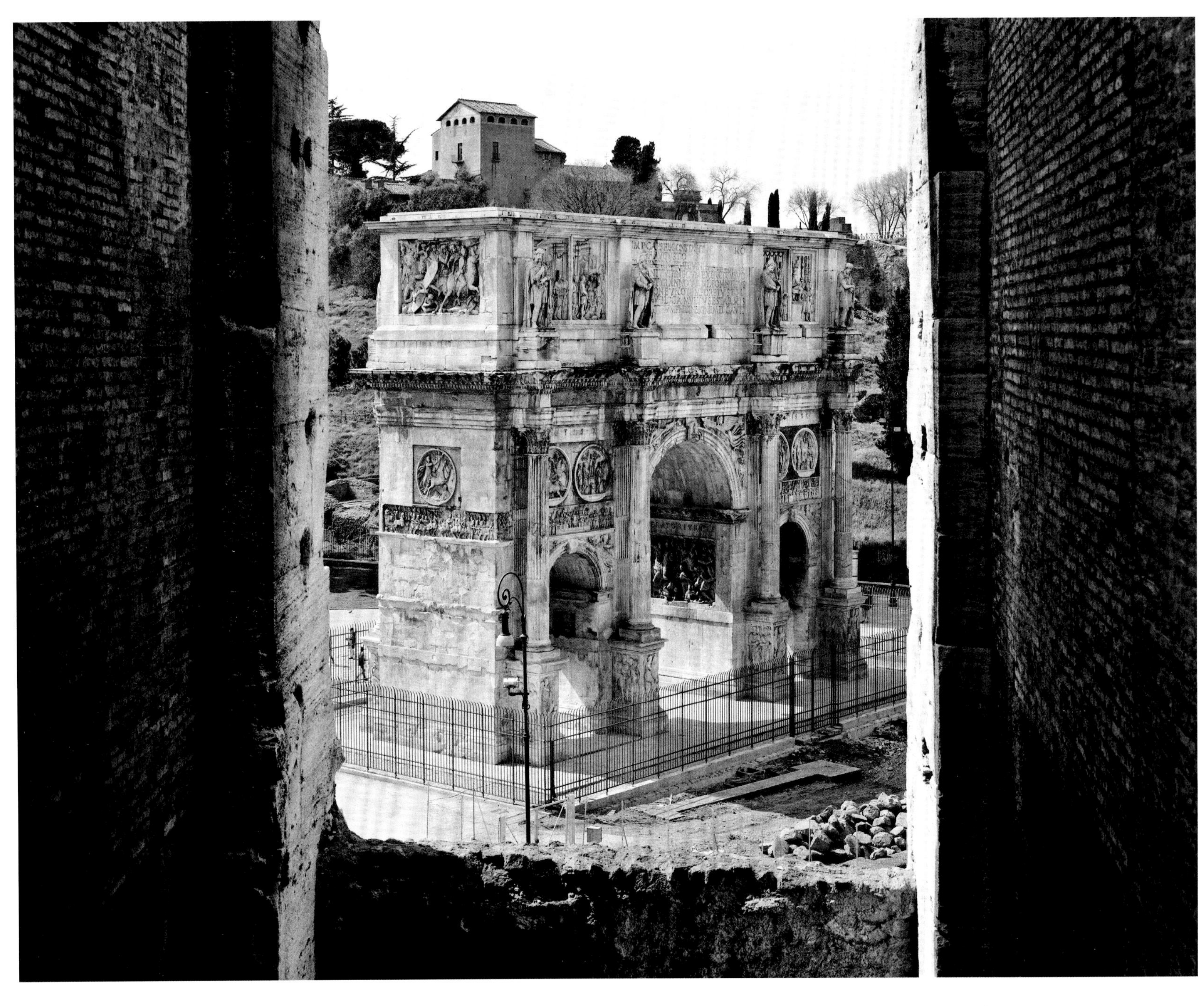

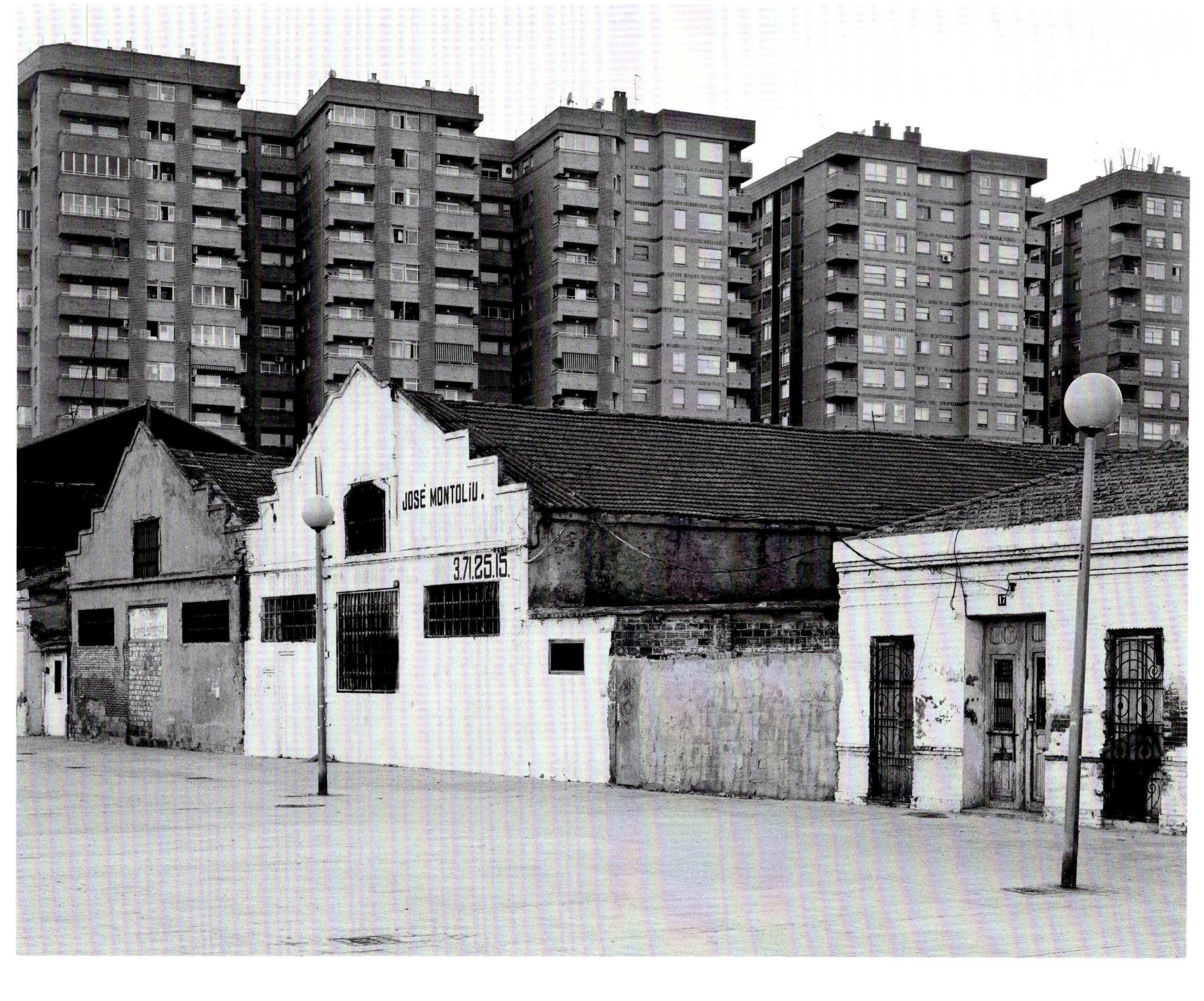

JOSÉ MONTOLIU.
3.71.25.15.

Buenos Aires
2001

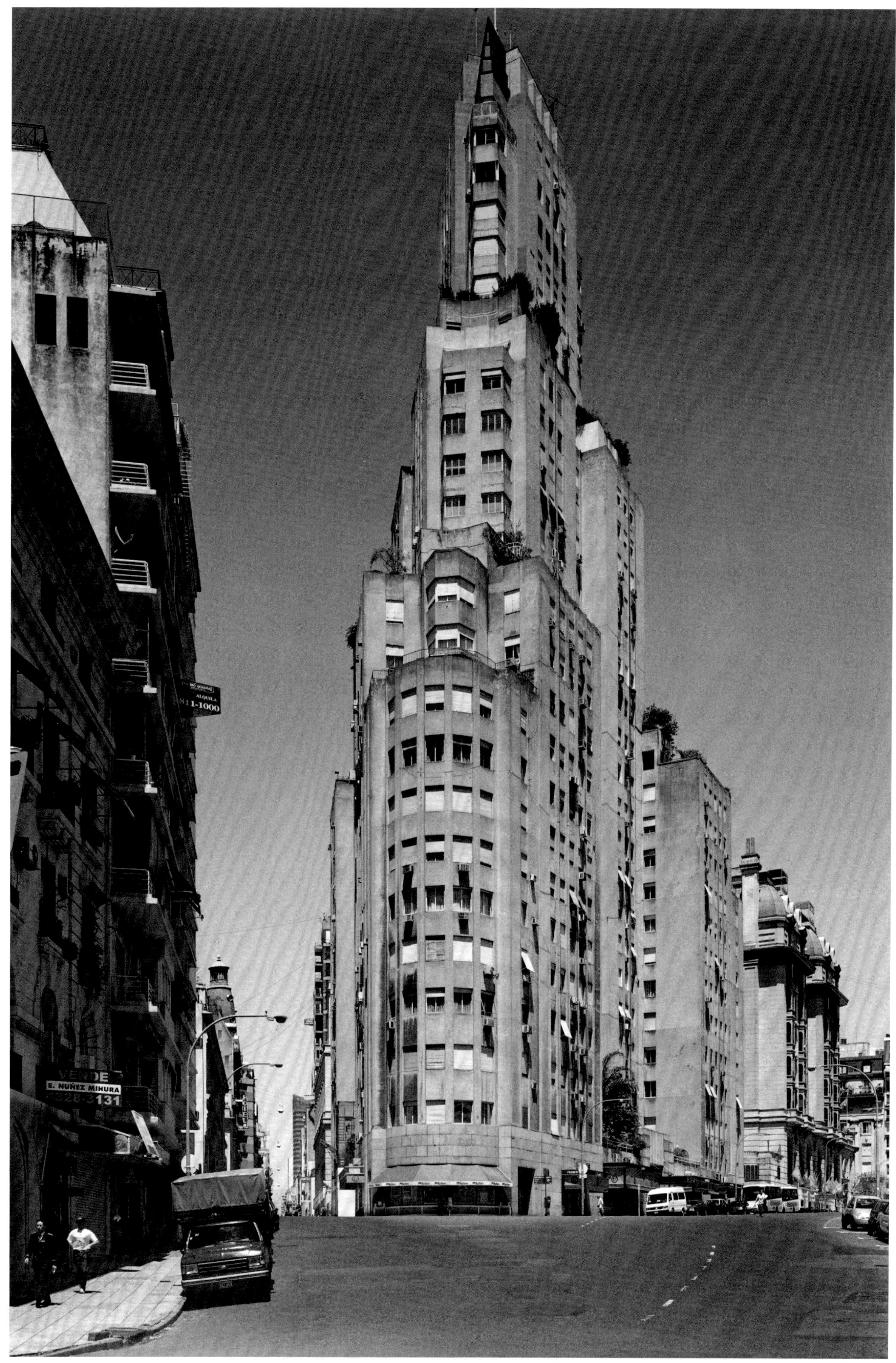

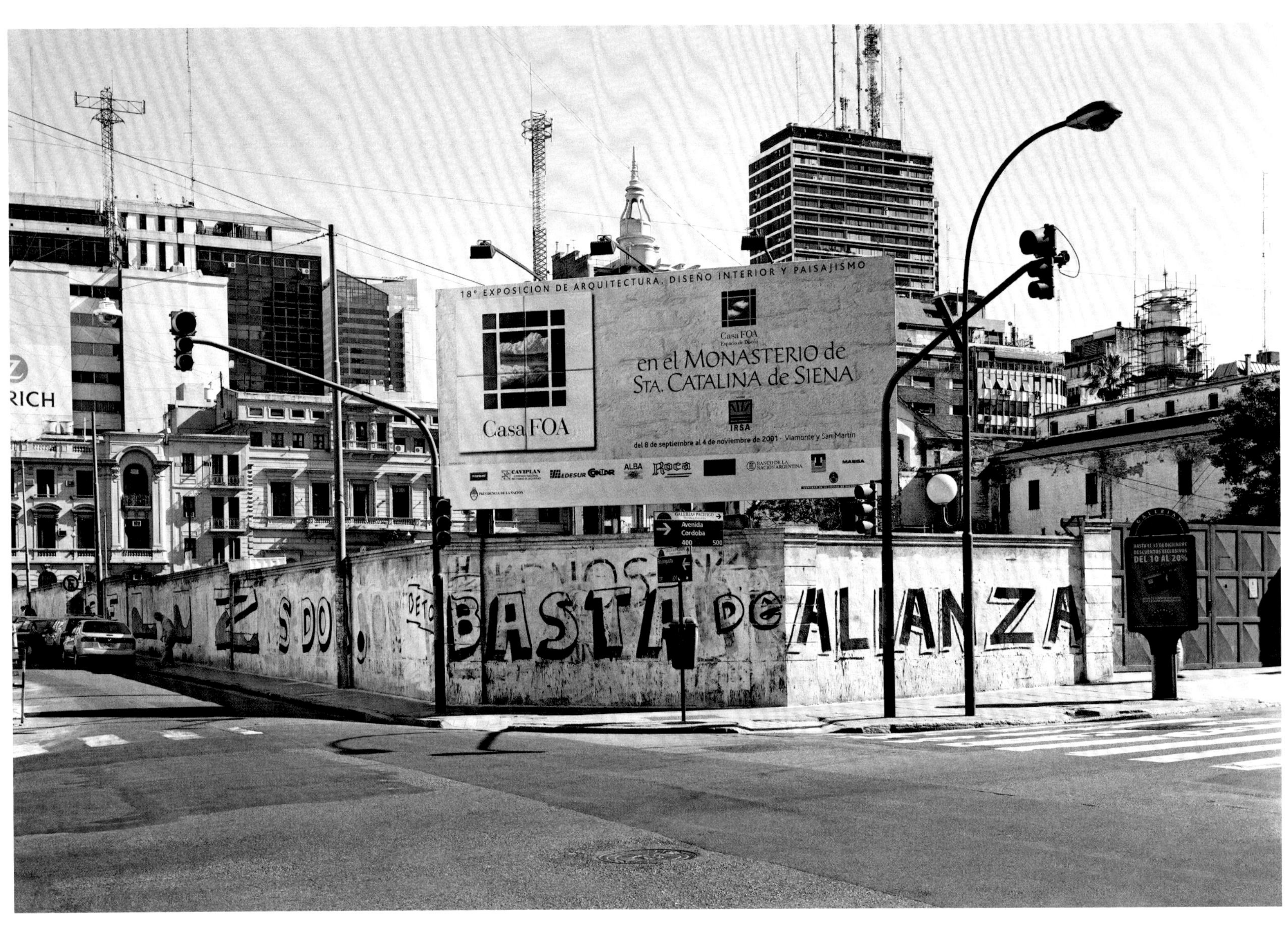
18° EXPOSICION DE ARQUITECTURA, DISEÑO INTERIOR Y PAISAJISMO
Casa FOA
en el MONASTERIO de
STA. CATALINA de SIENA
del 8 de septiembre al 4 de noviembre de 2001 · Viamonte y San Martín
BASTA DE ALIANZA
Avenida
Cordoba
400   500
RICH

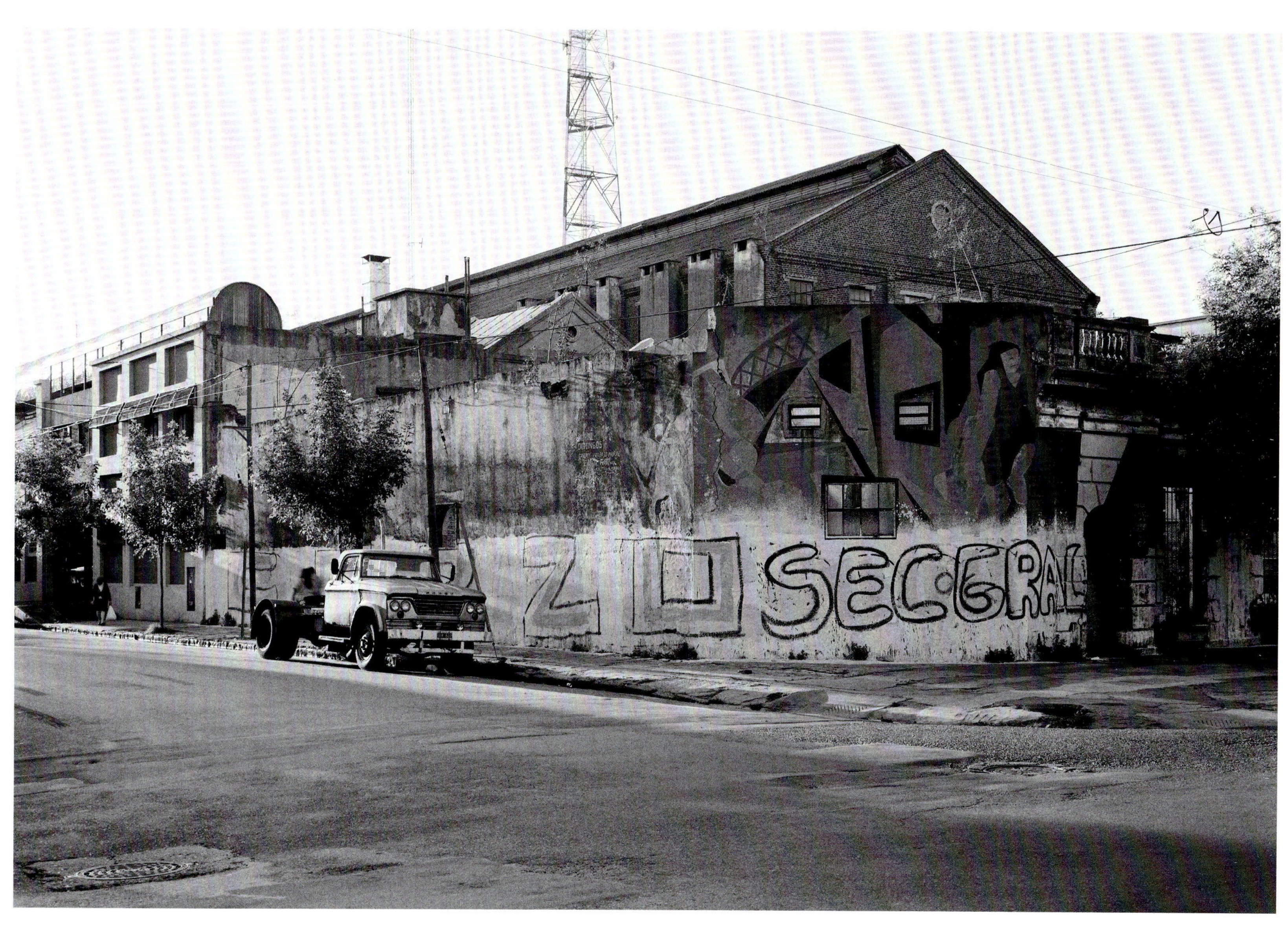

Buenos Aires
2001

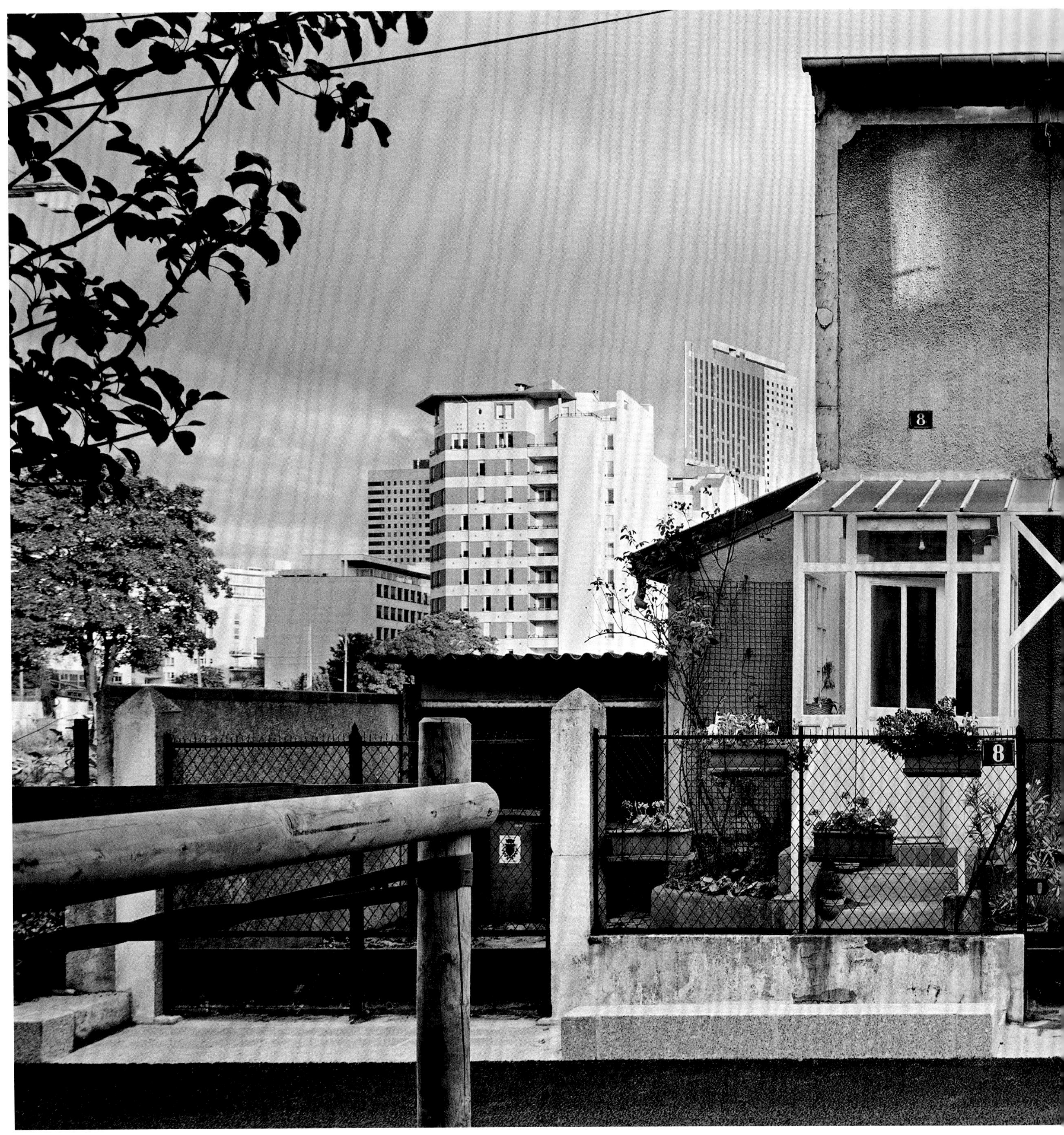

Parigi
2002

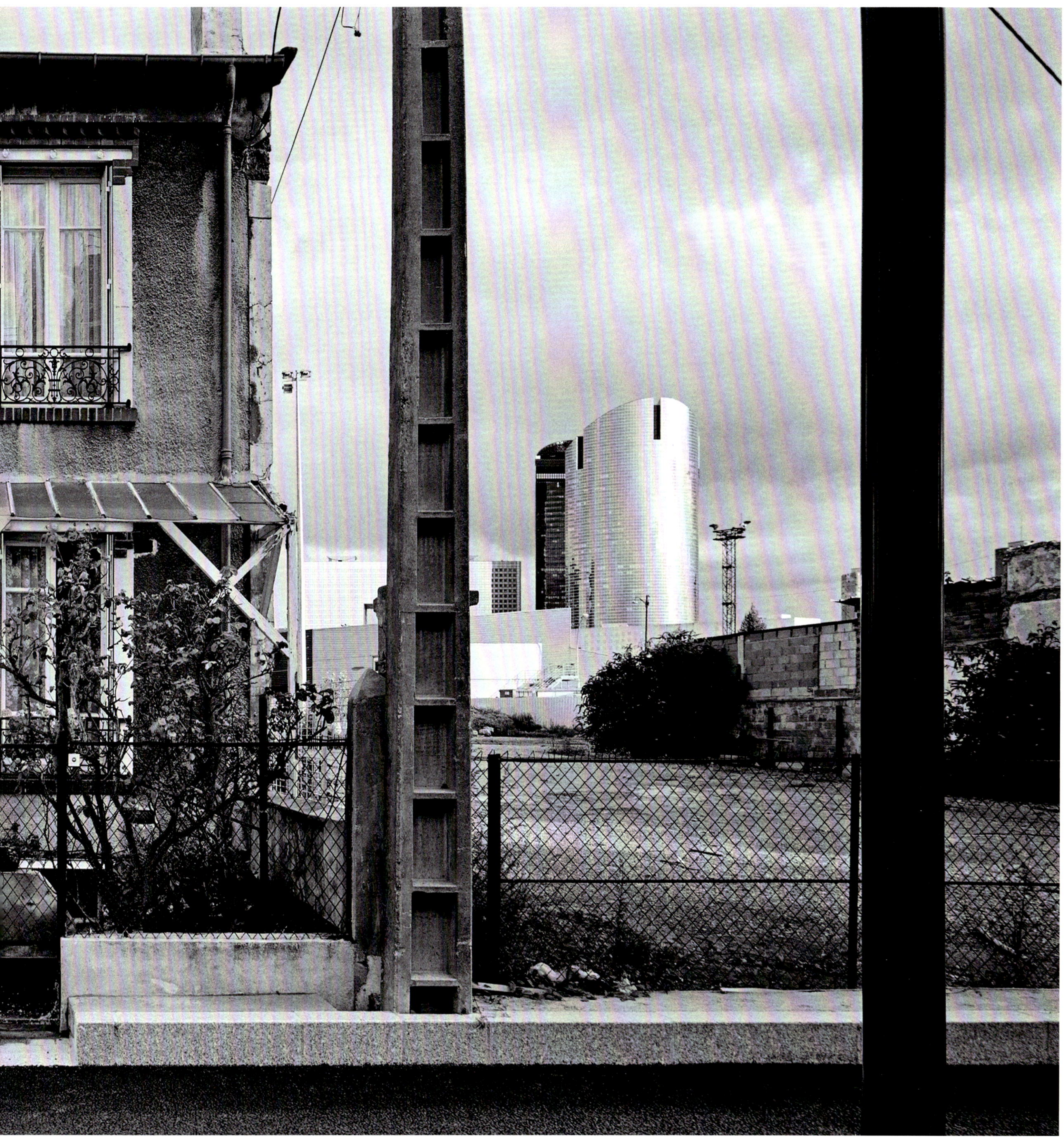

Parigi
2002

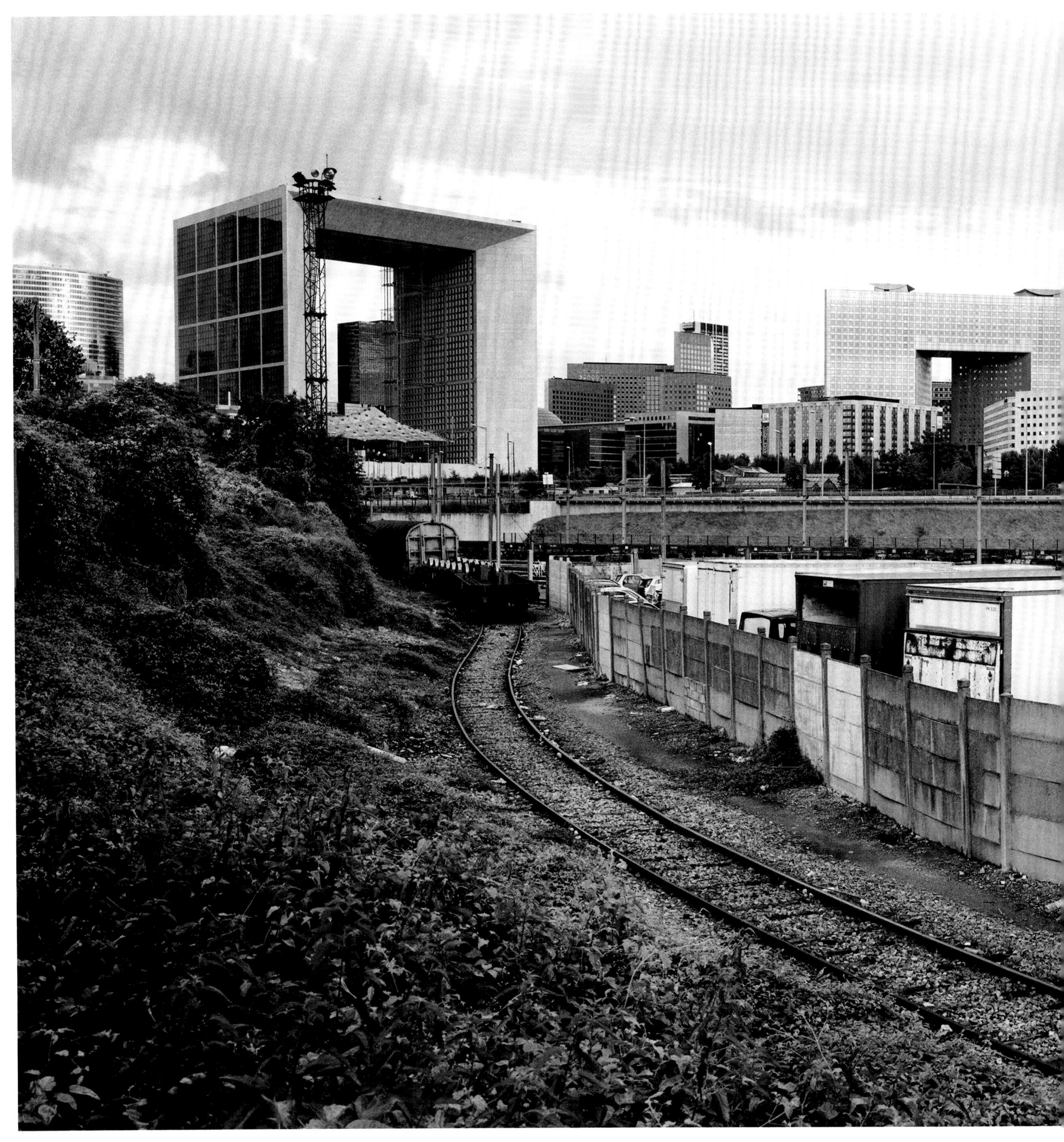

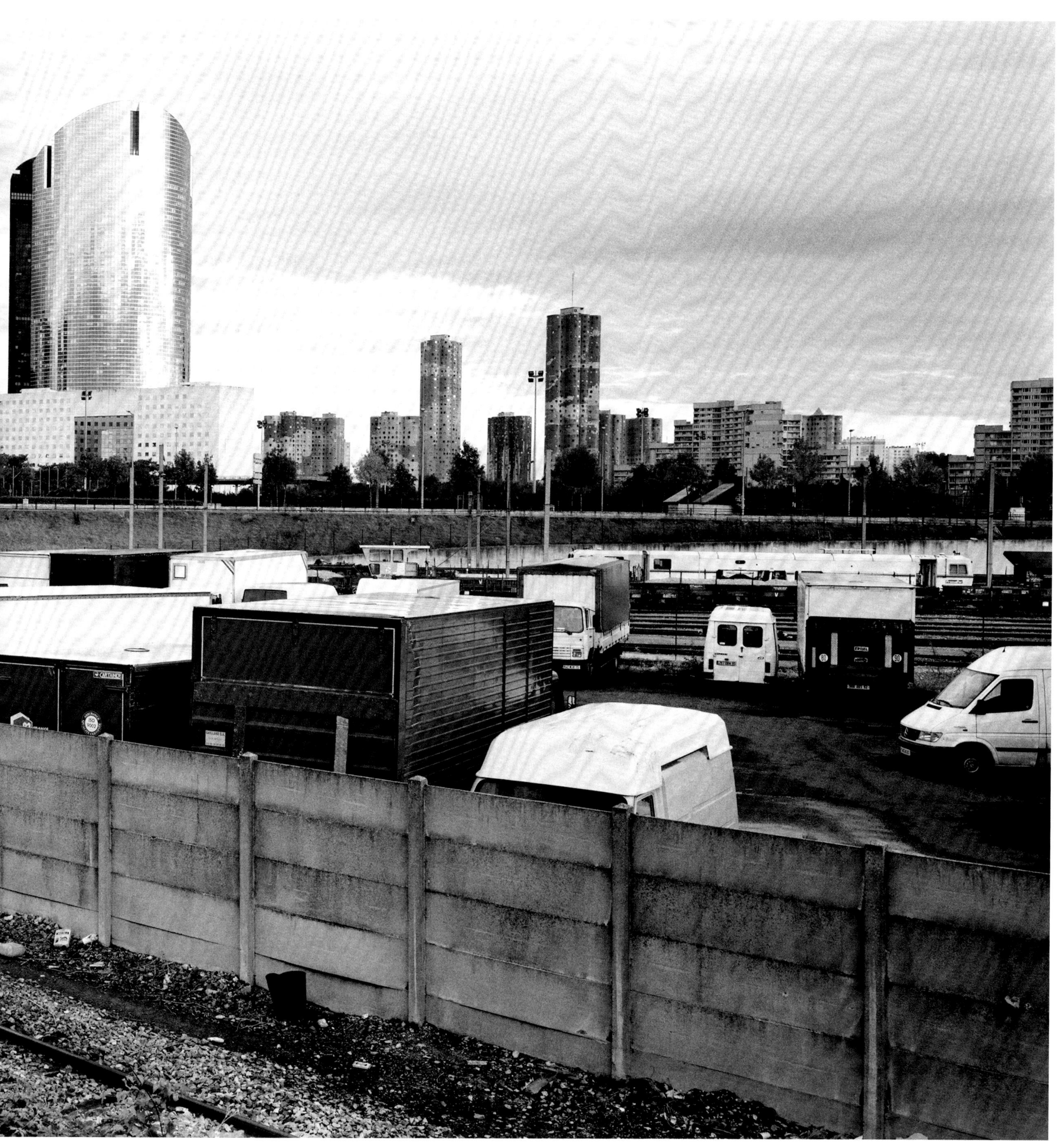

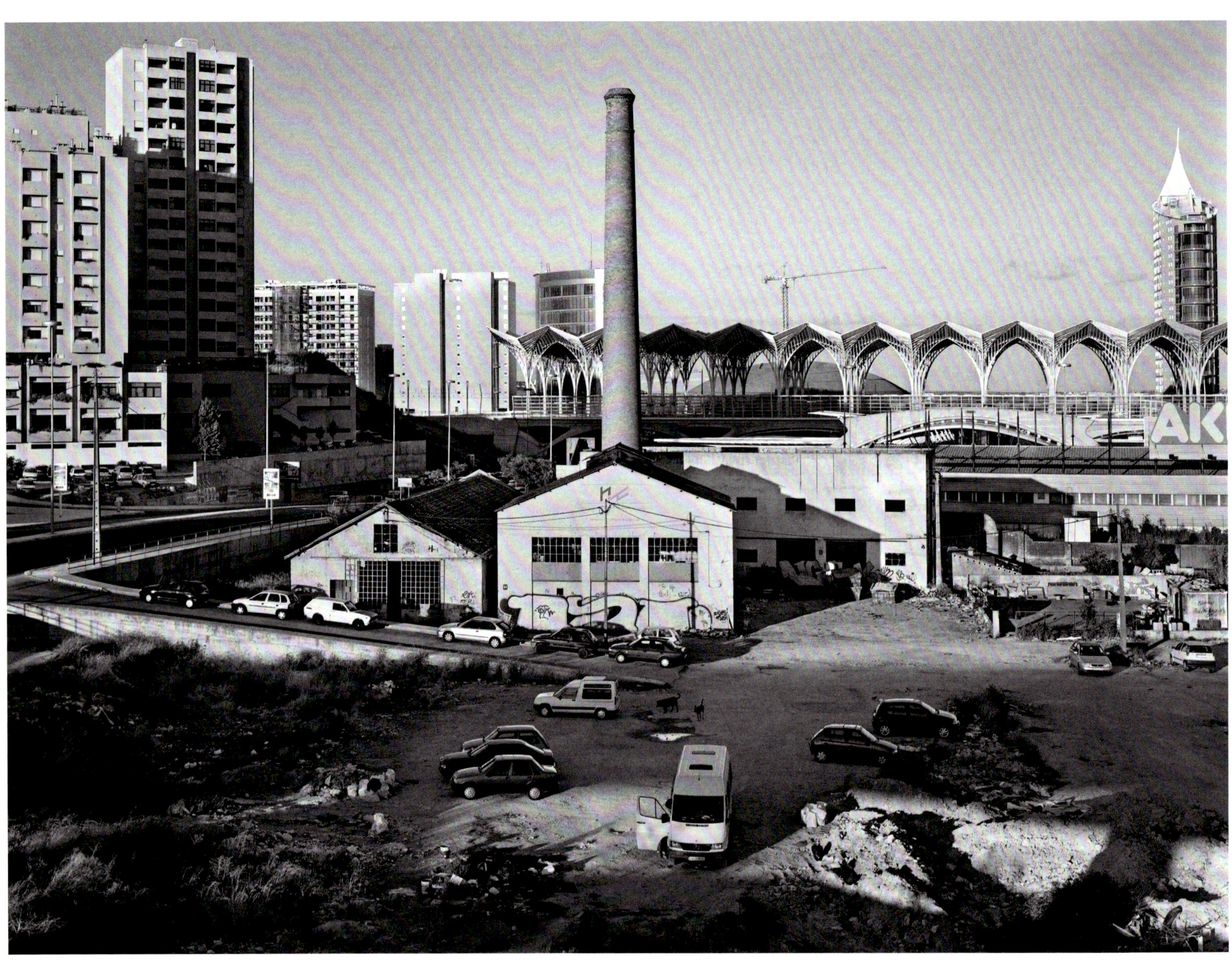

Lisbona
2003

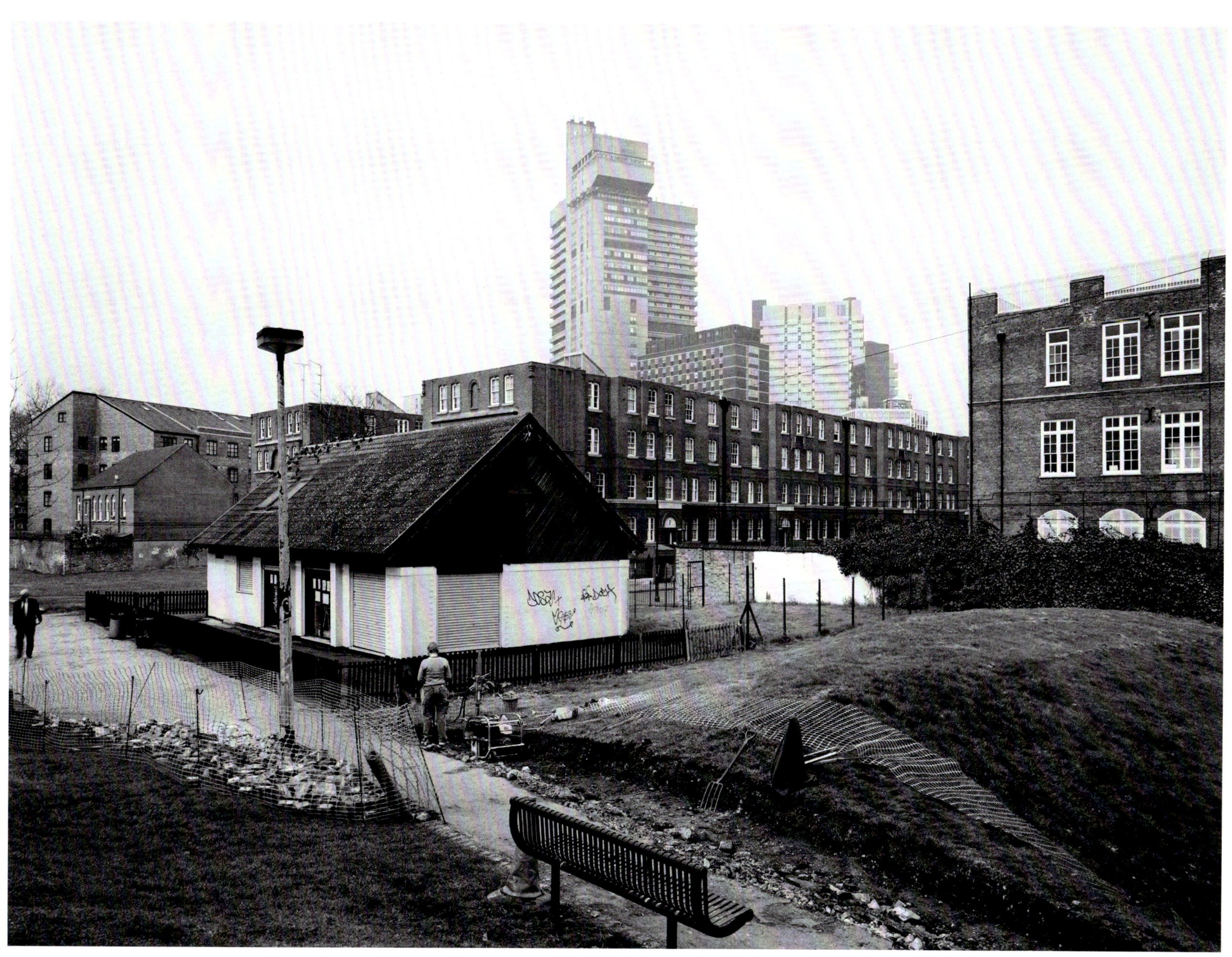

Londra
2003

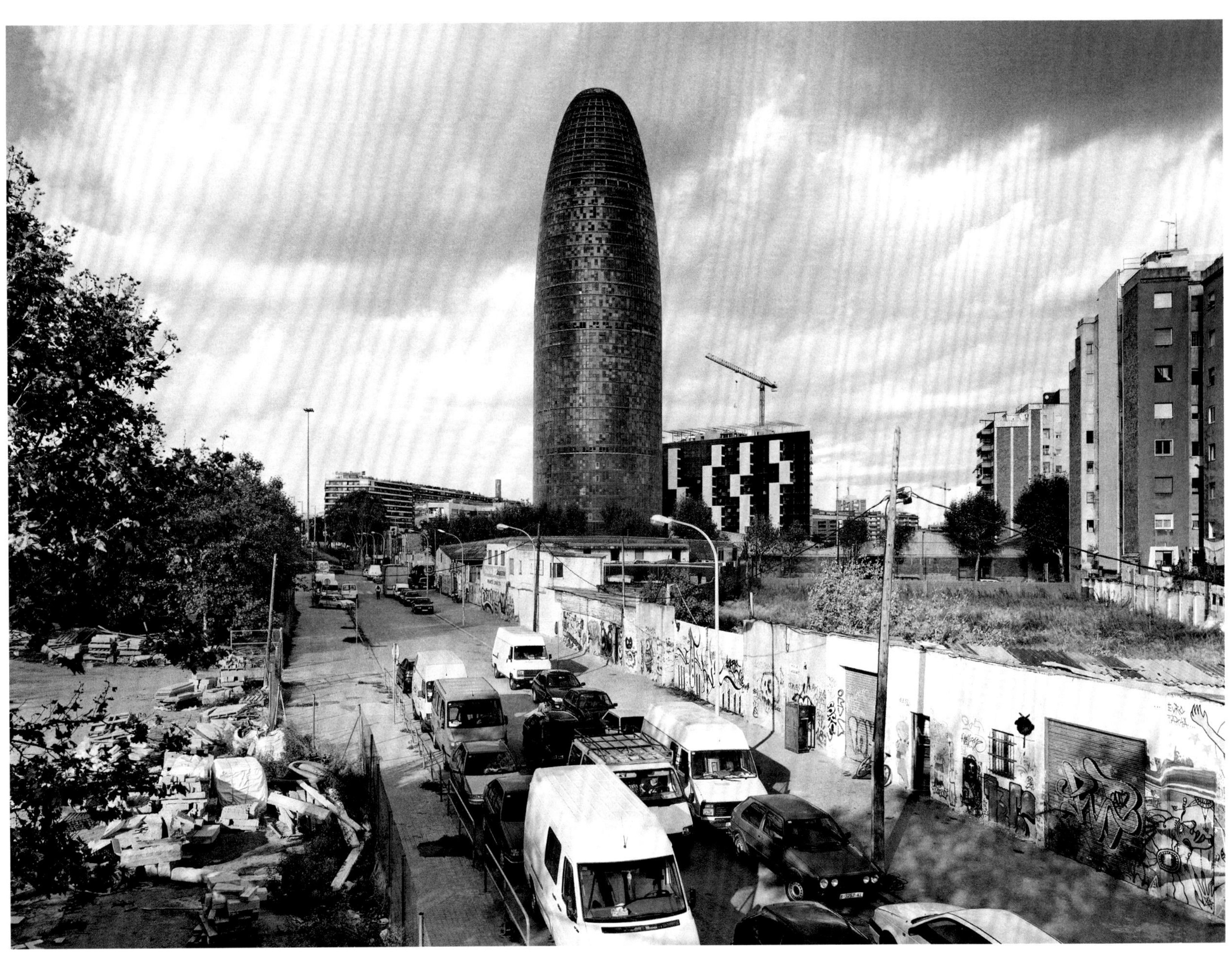

Barcellona
2004

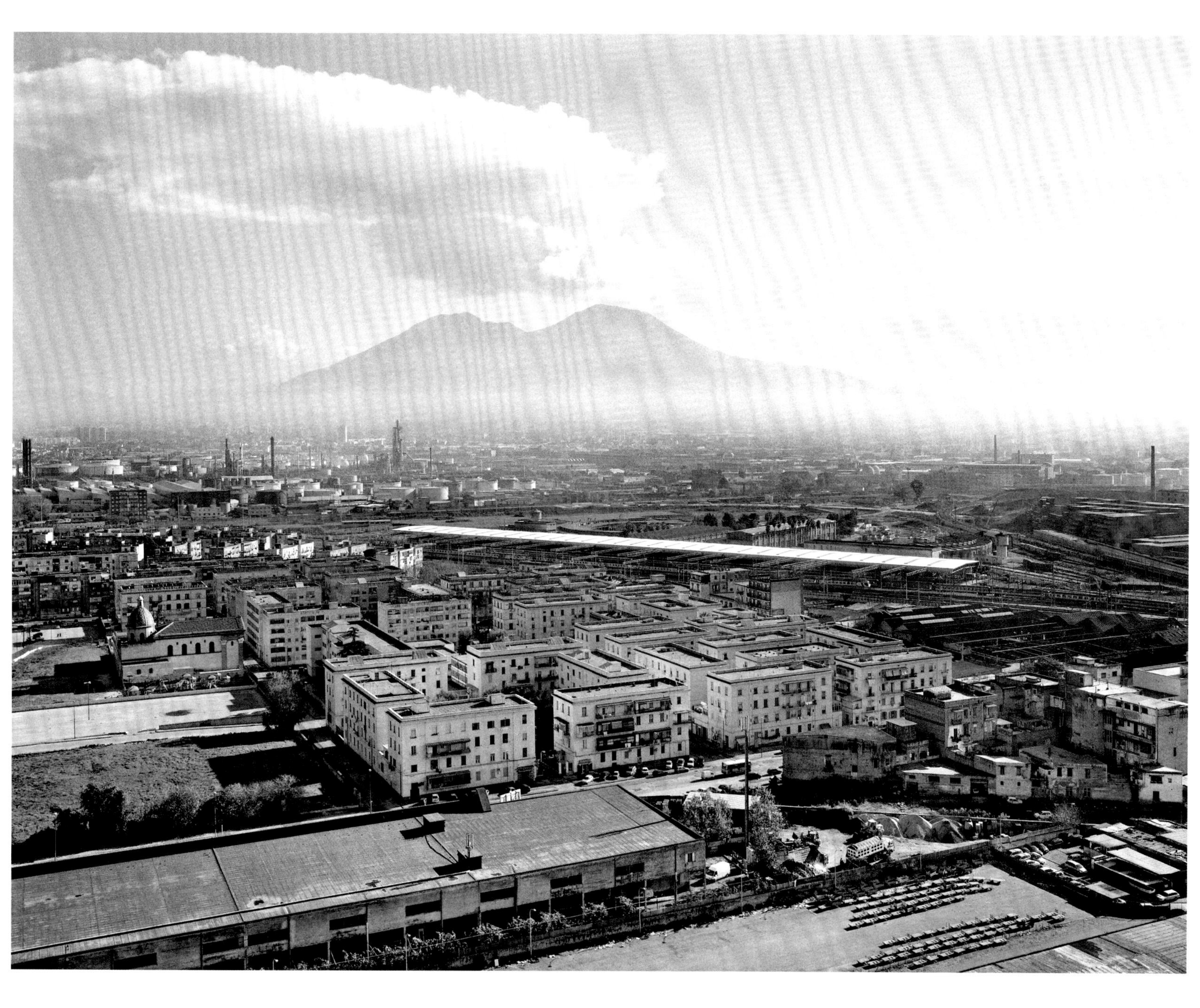

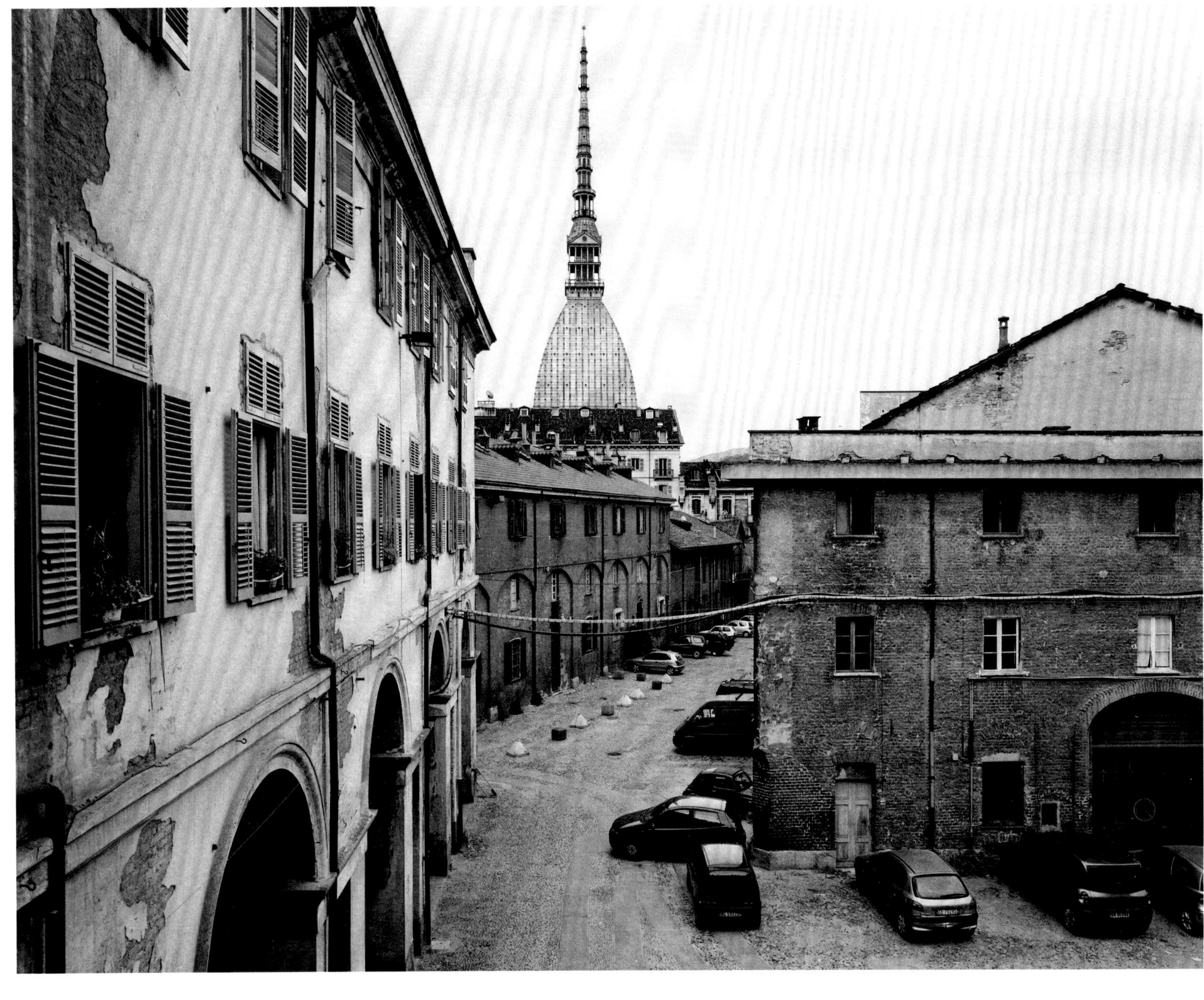

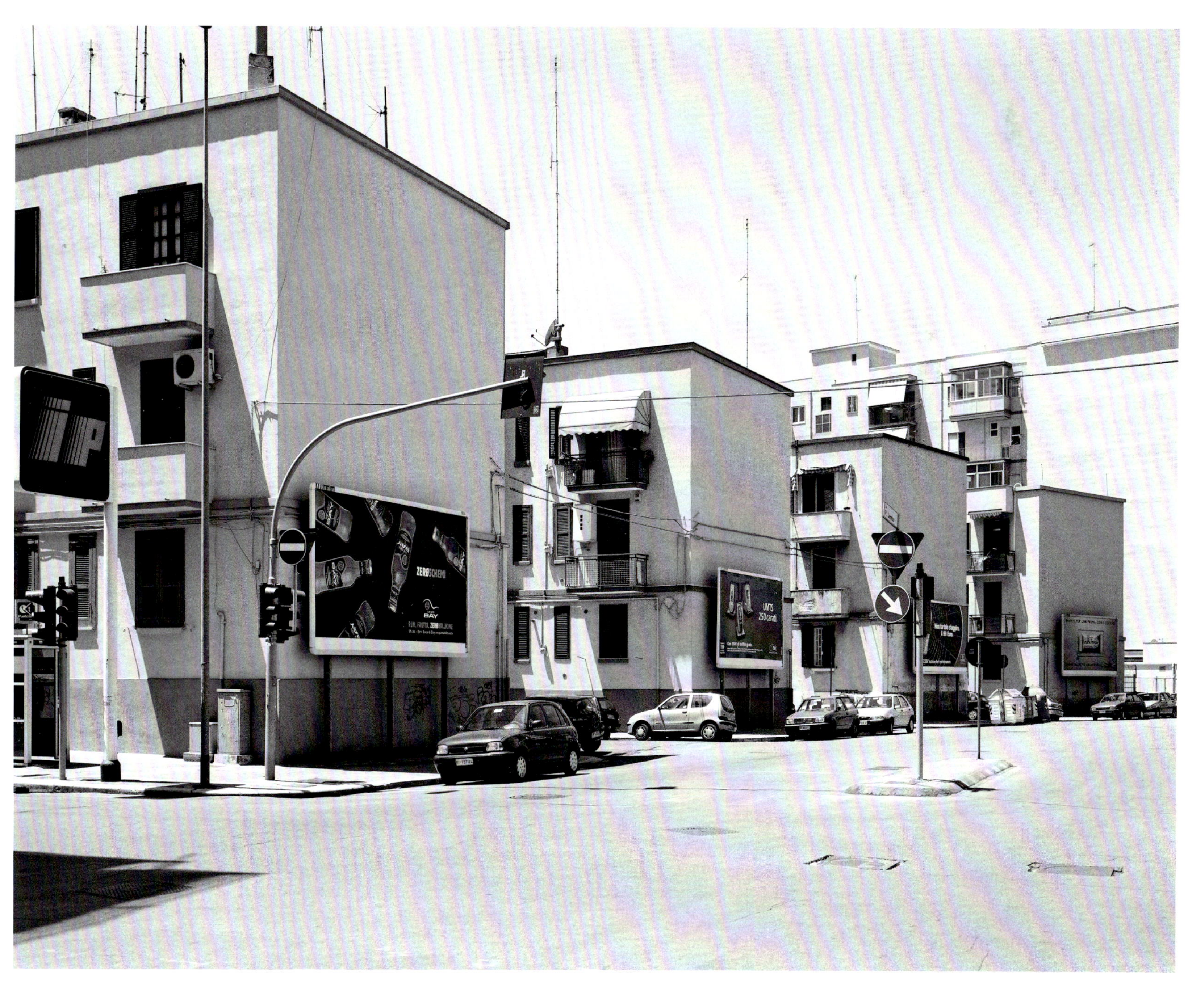

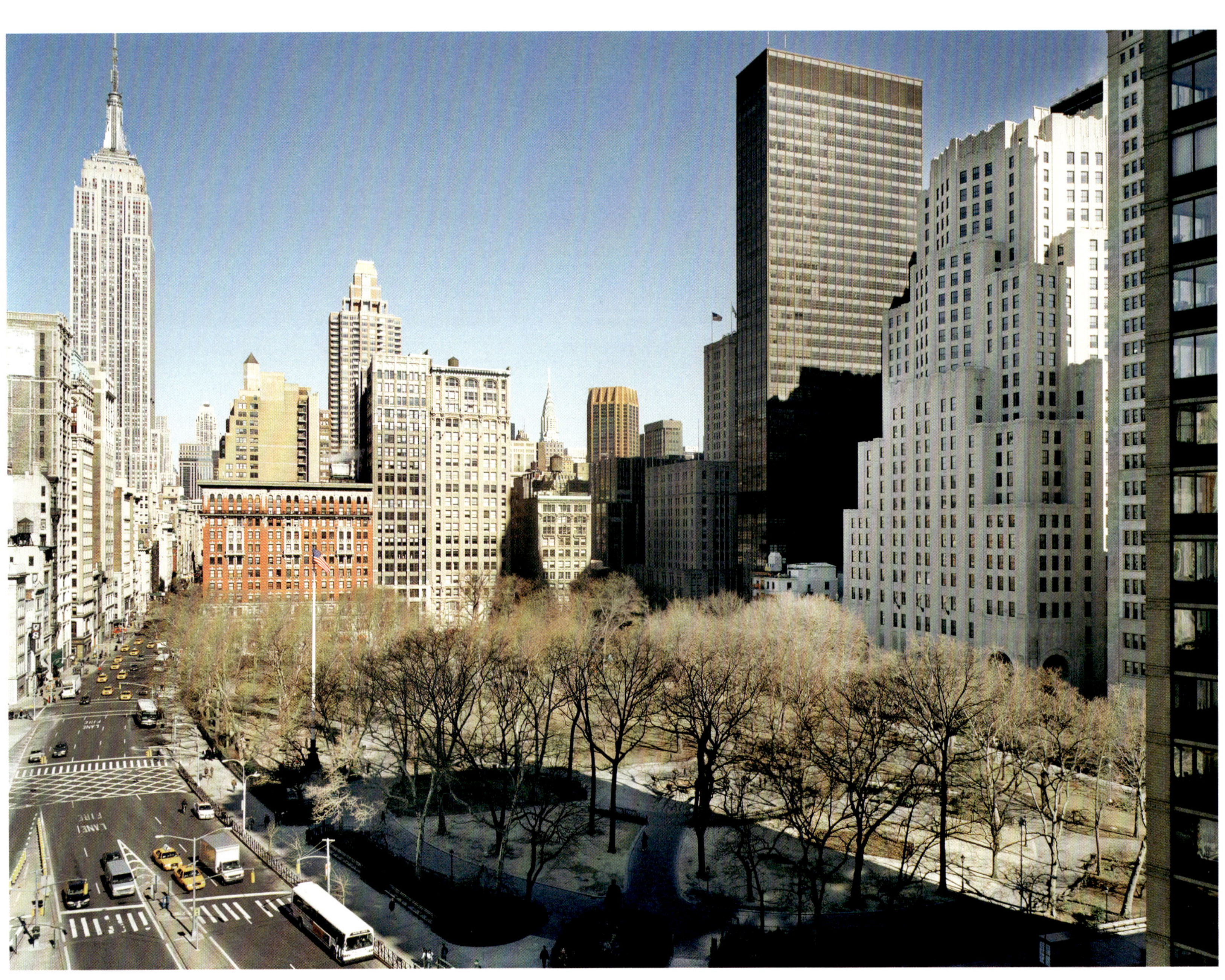

New York
2004

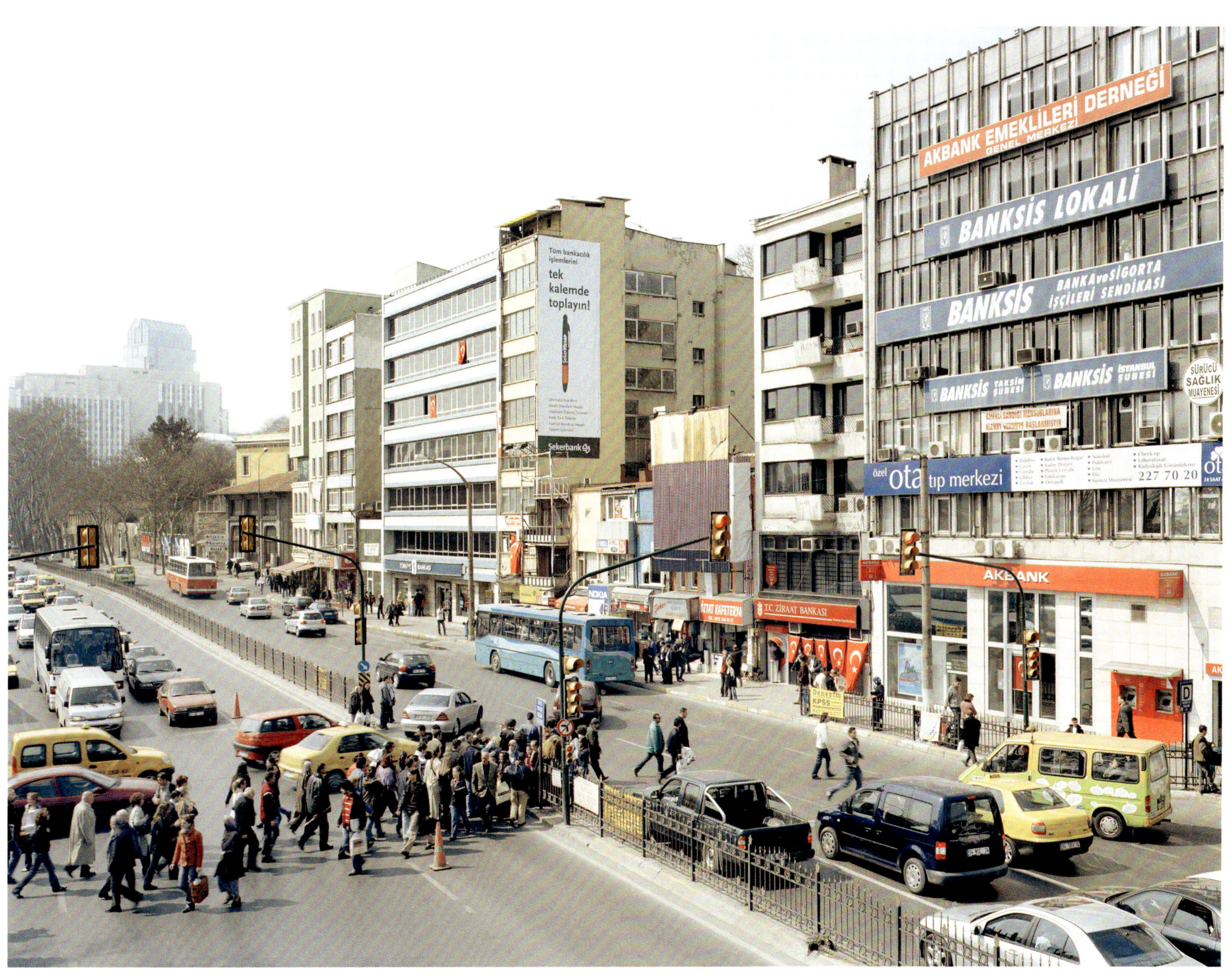

İstanbul
2005

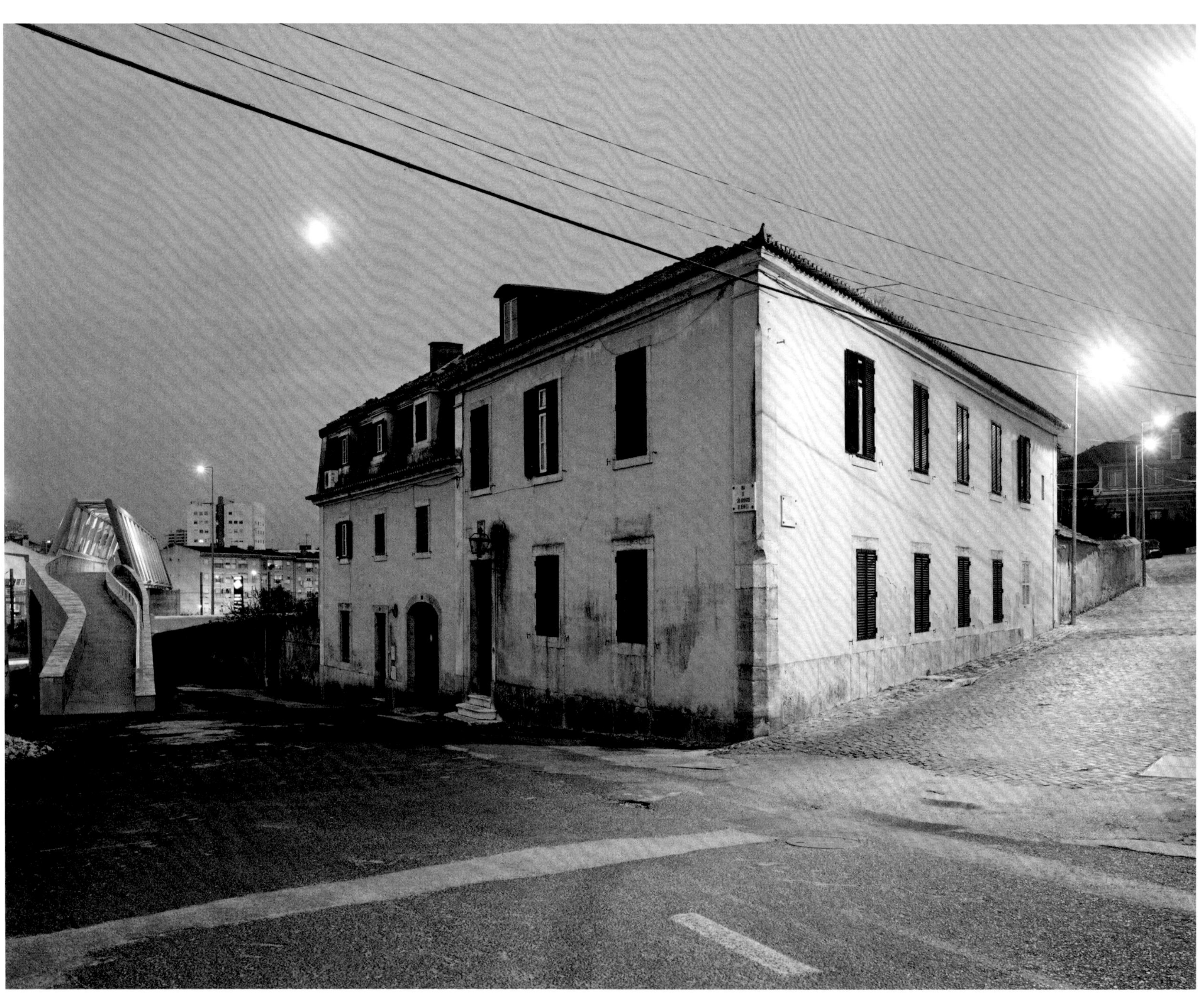

Lisbona
2005

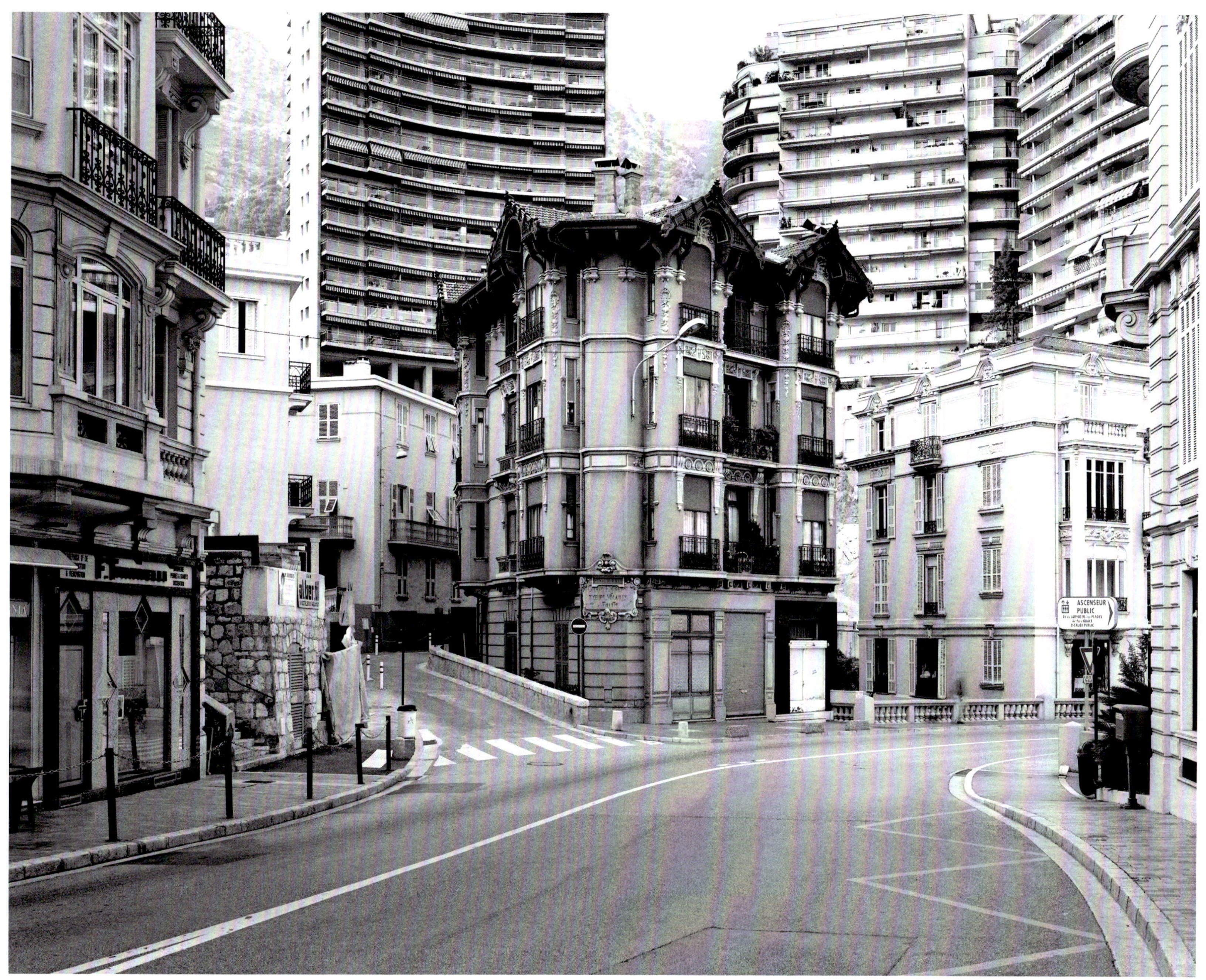

Montecarlo
2005

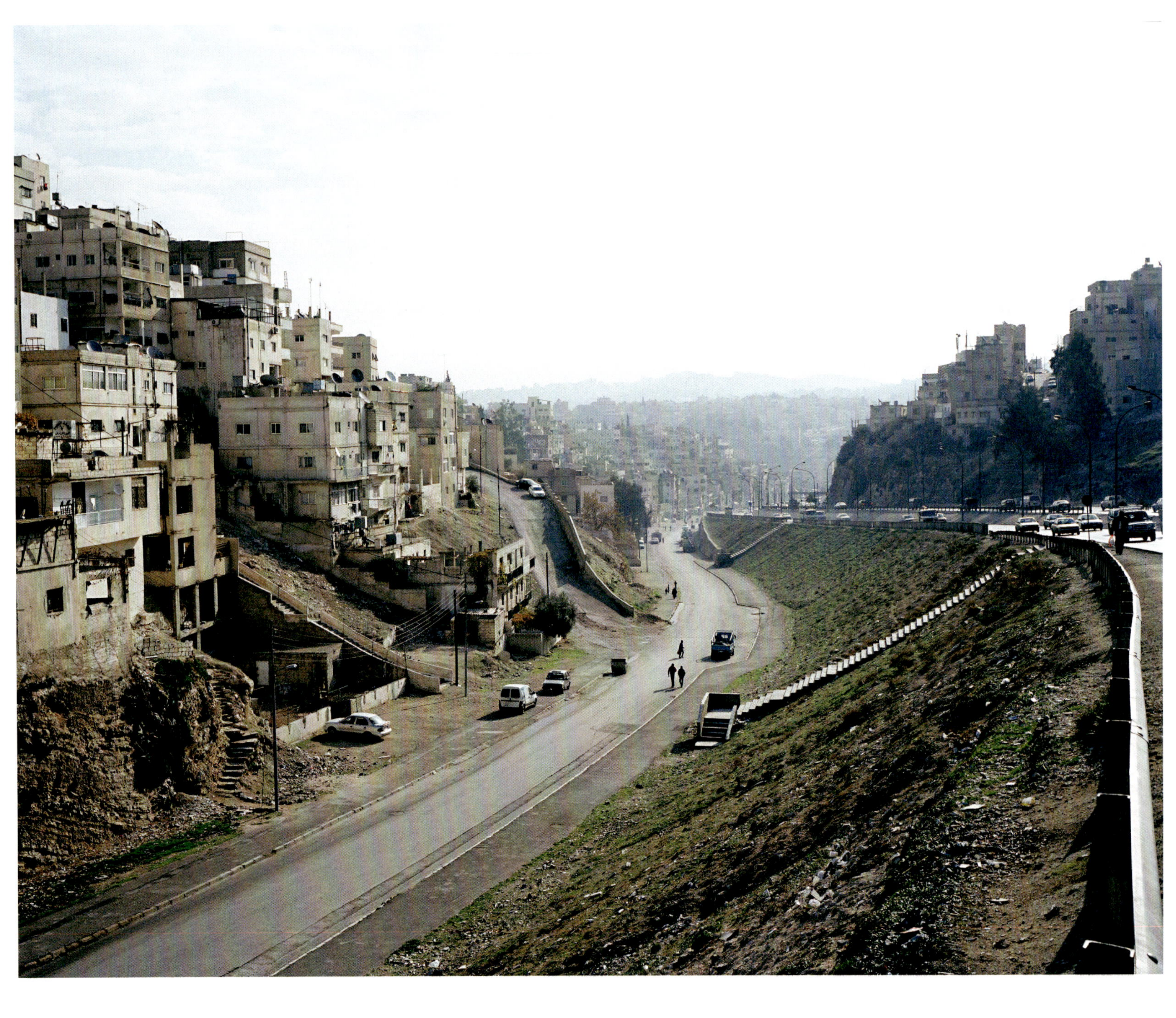

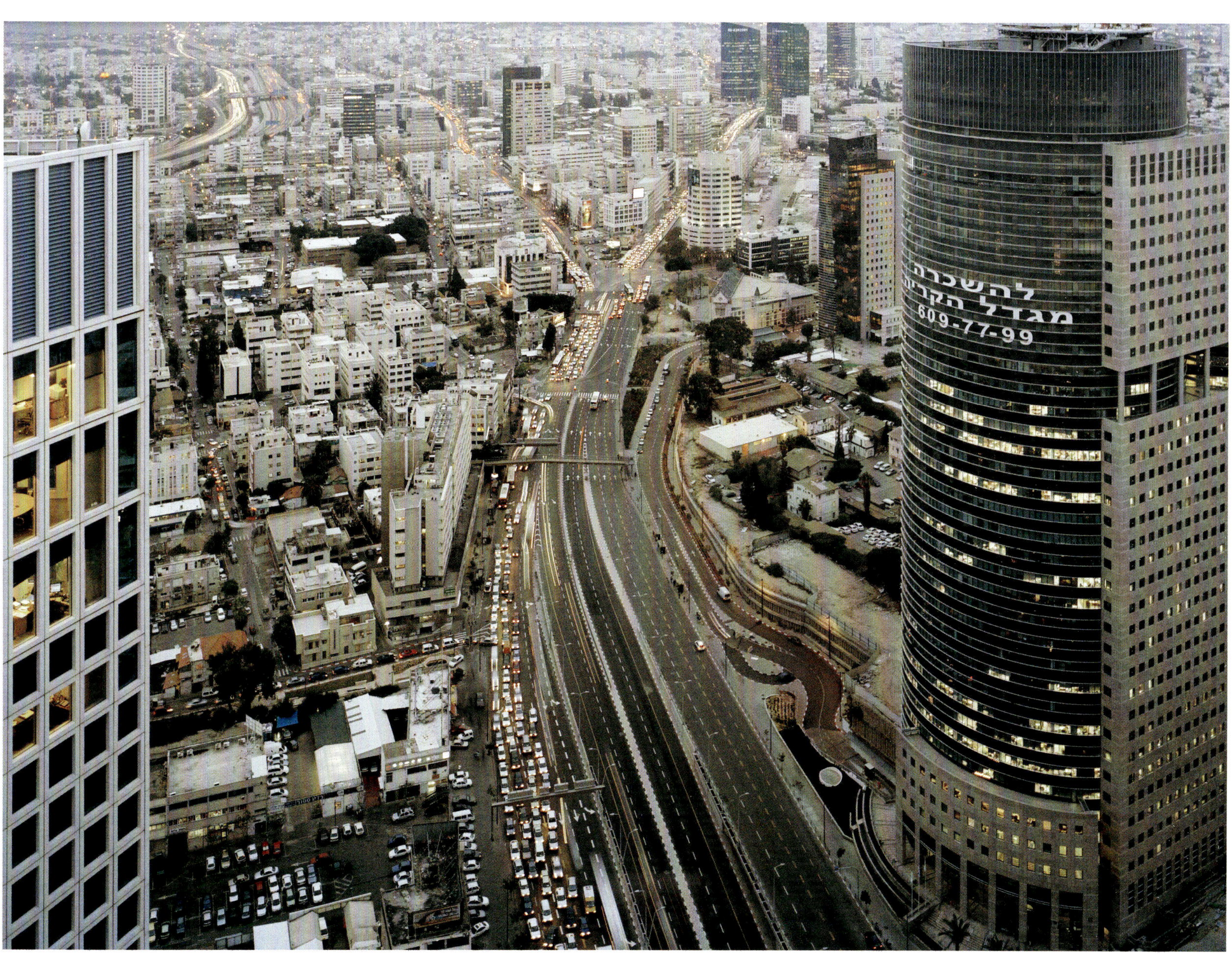

Tel Aviv
2006

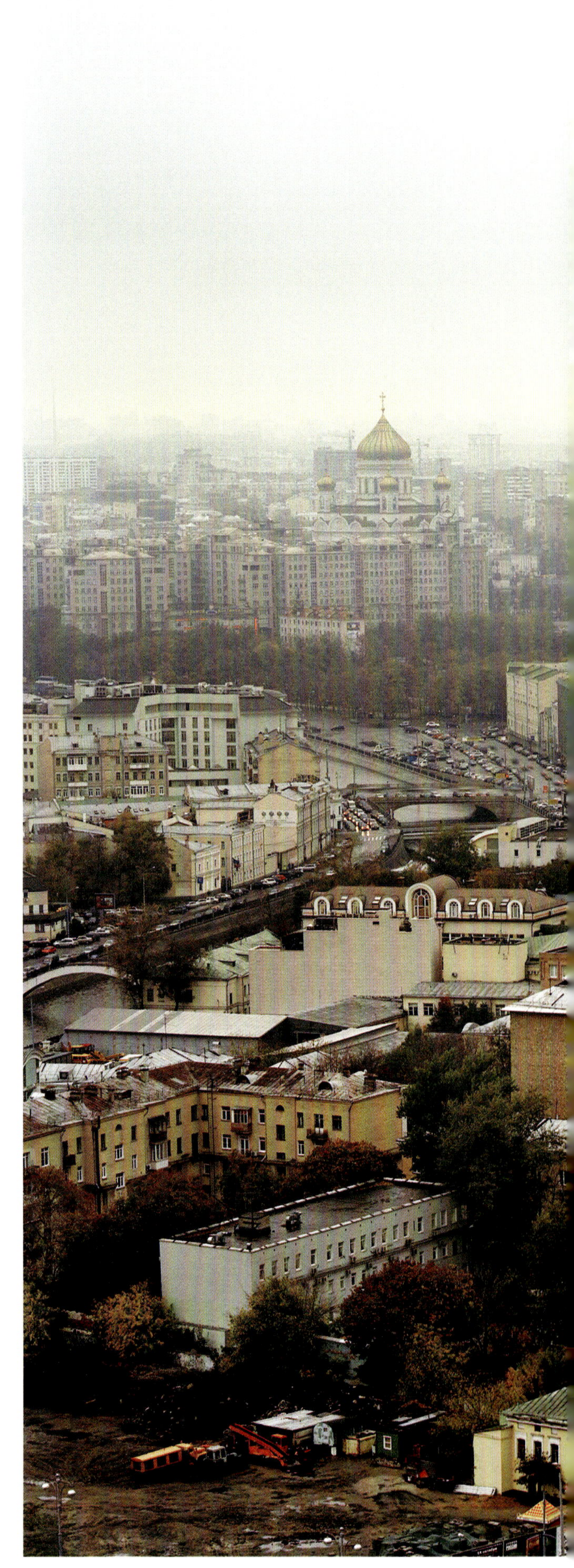

Mosca
2007

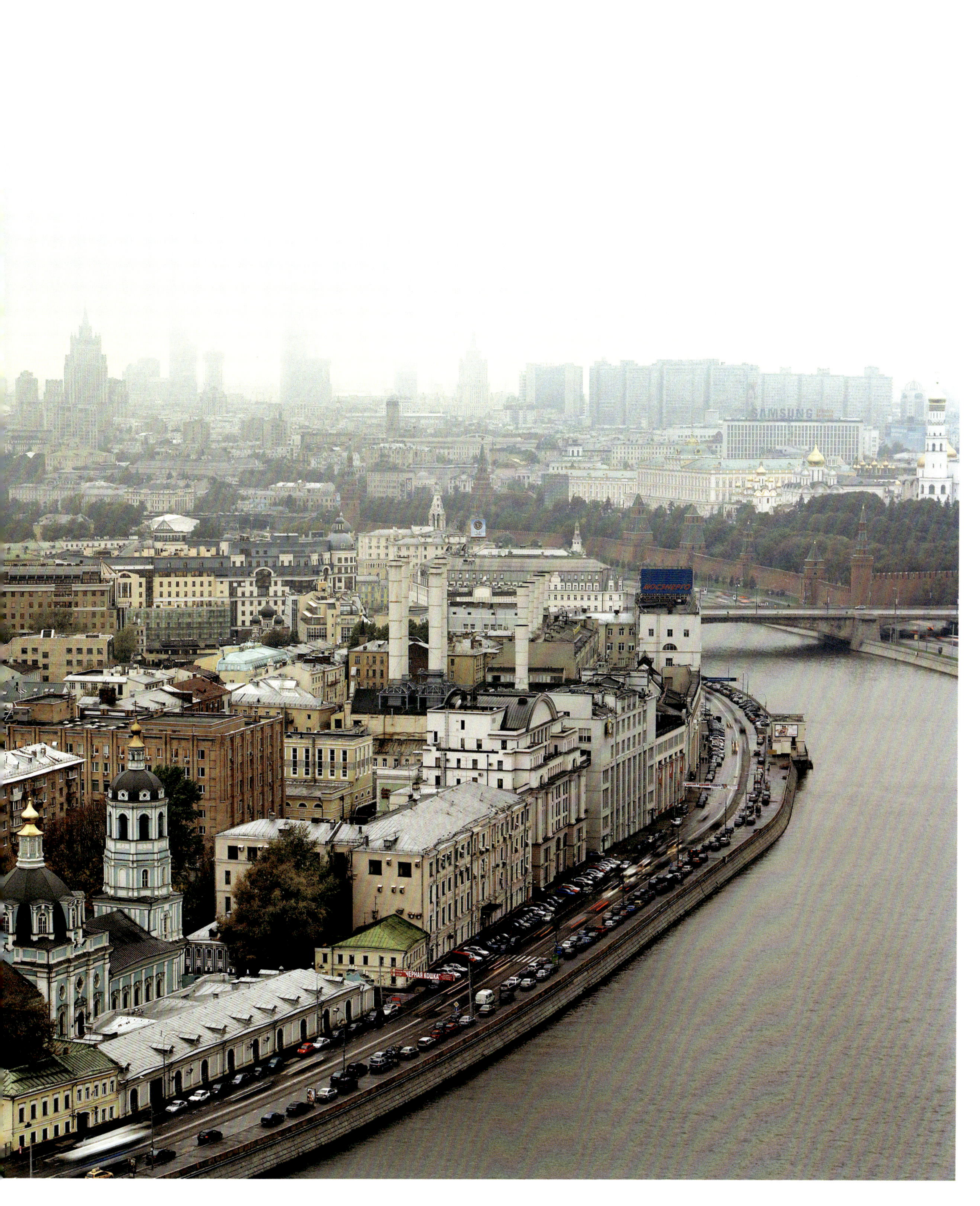

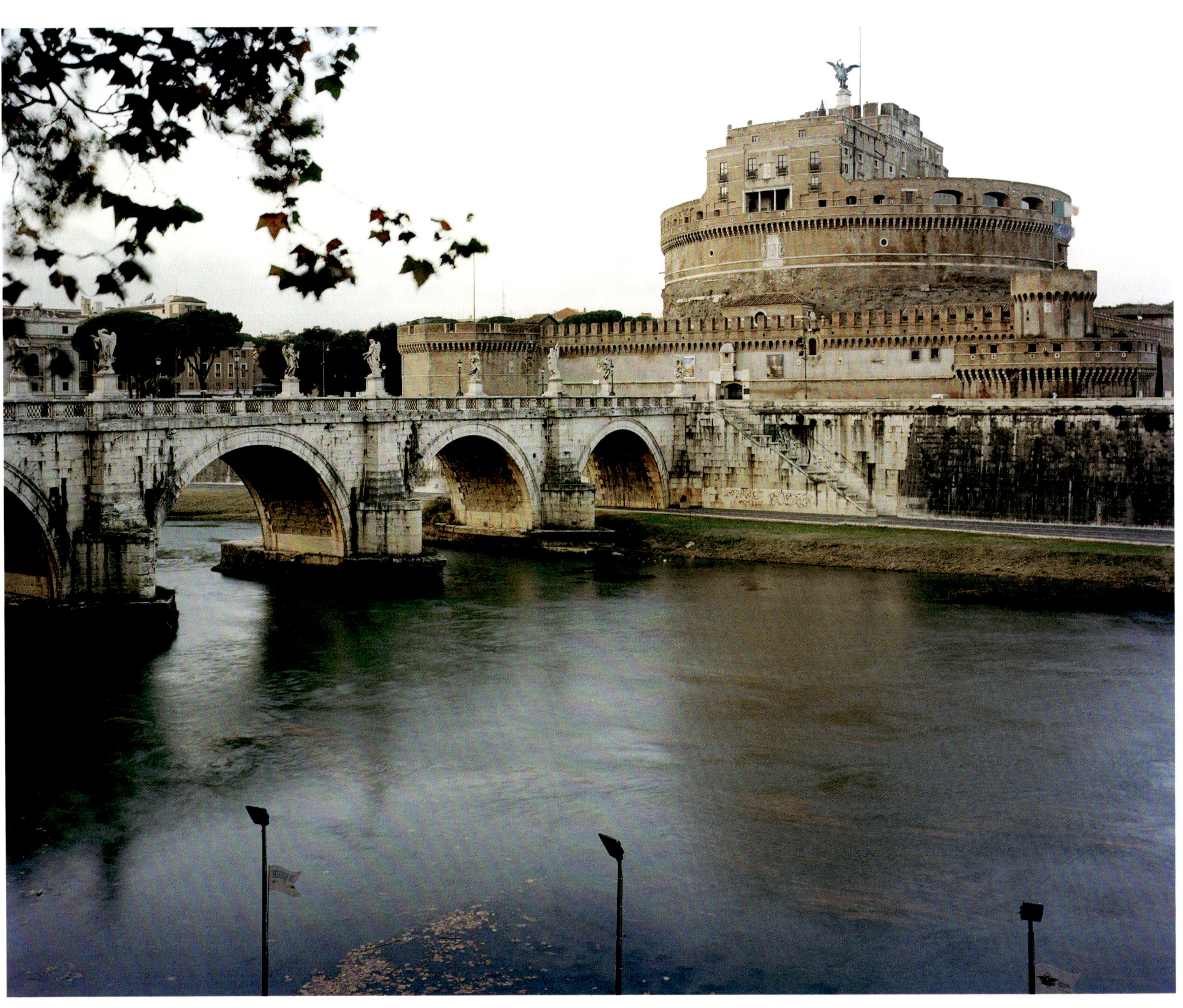

Roma
2007

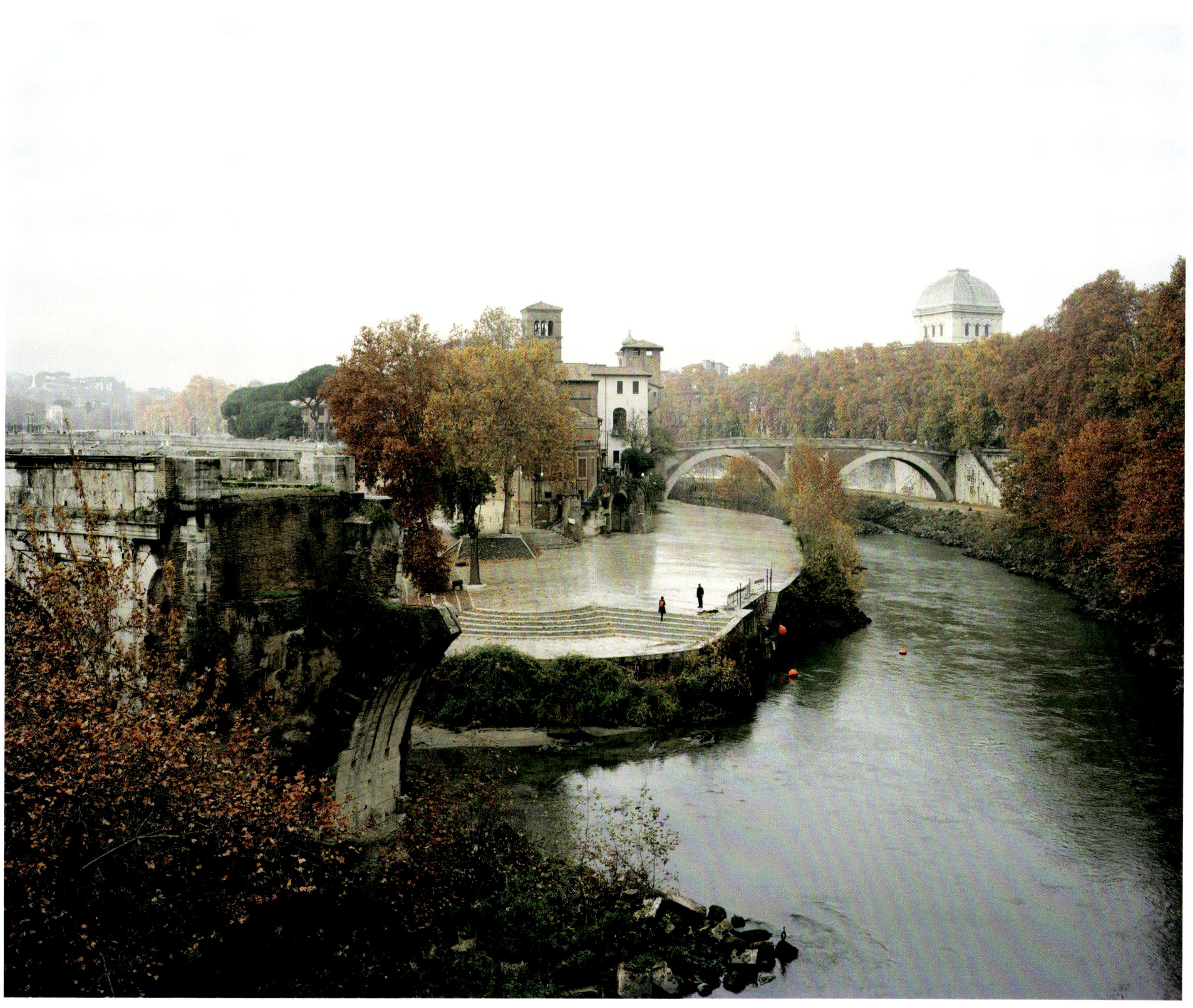

Roma
2007

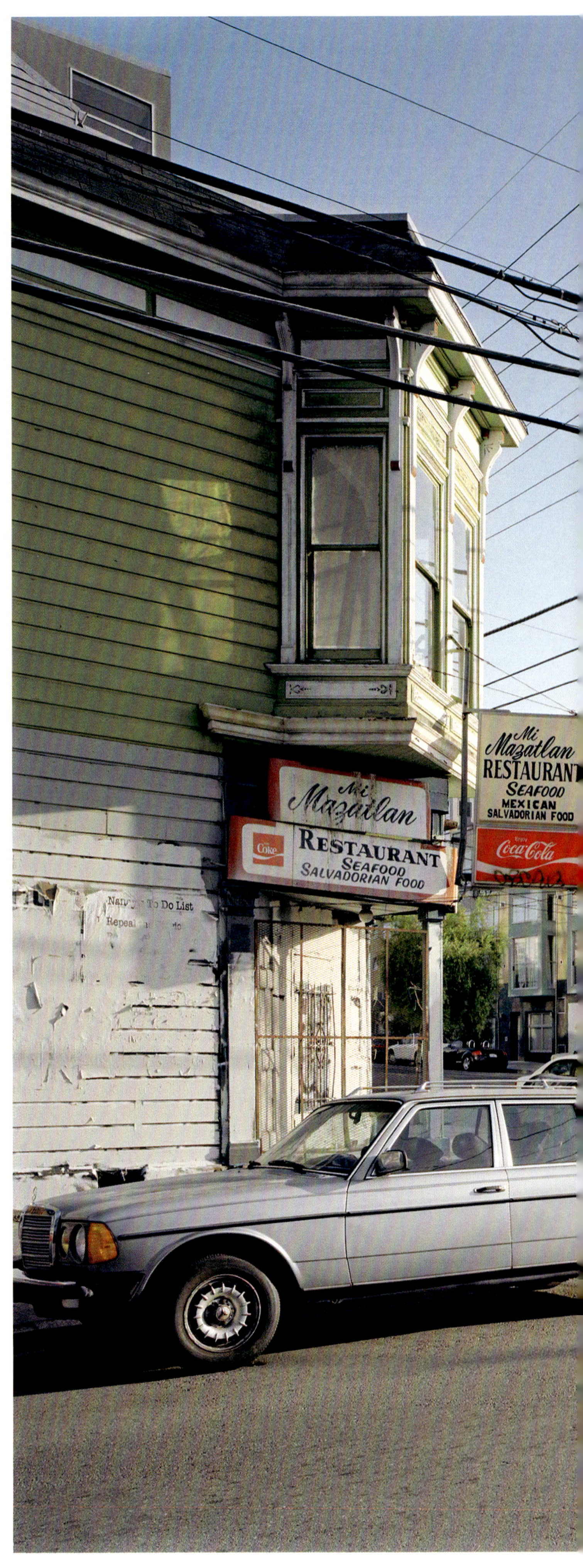

San Francisco
2007

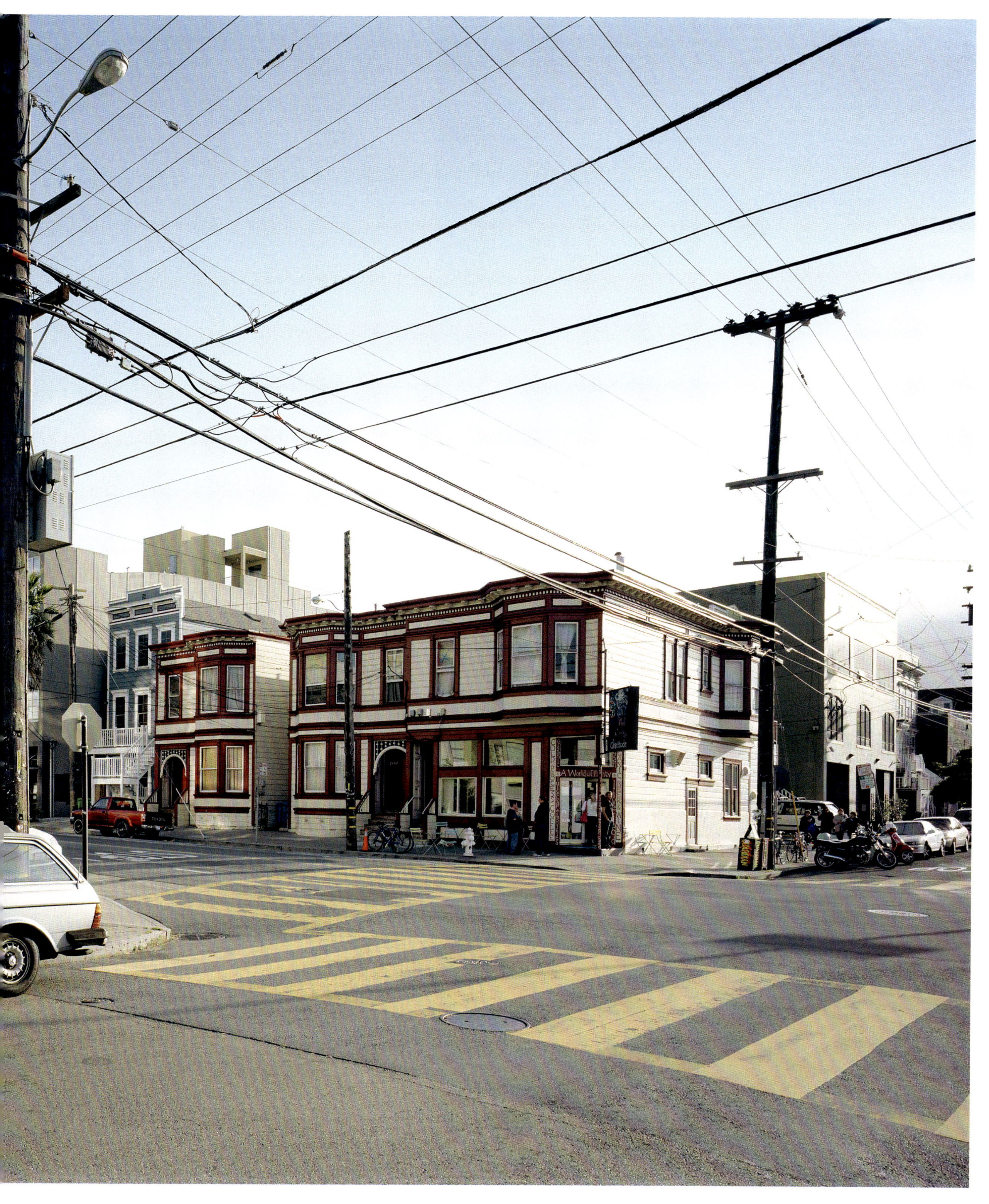

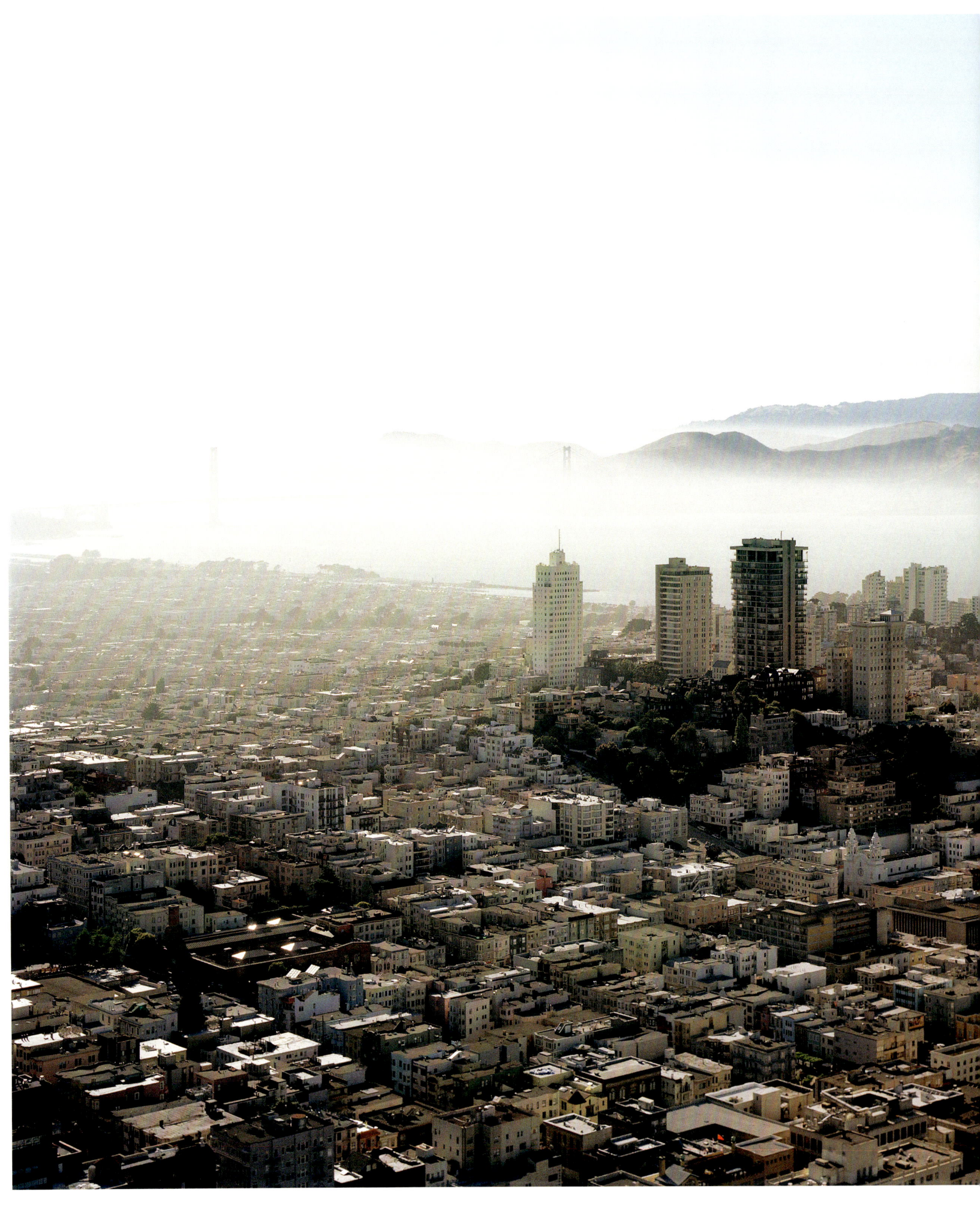

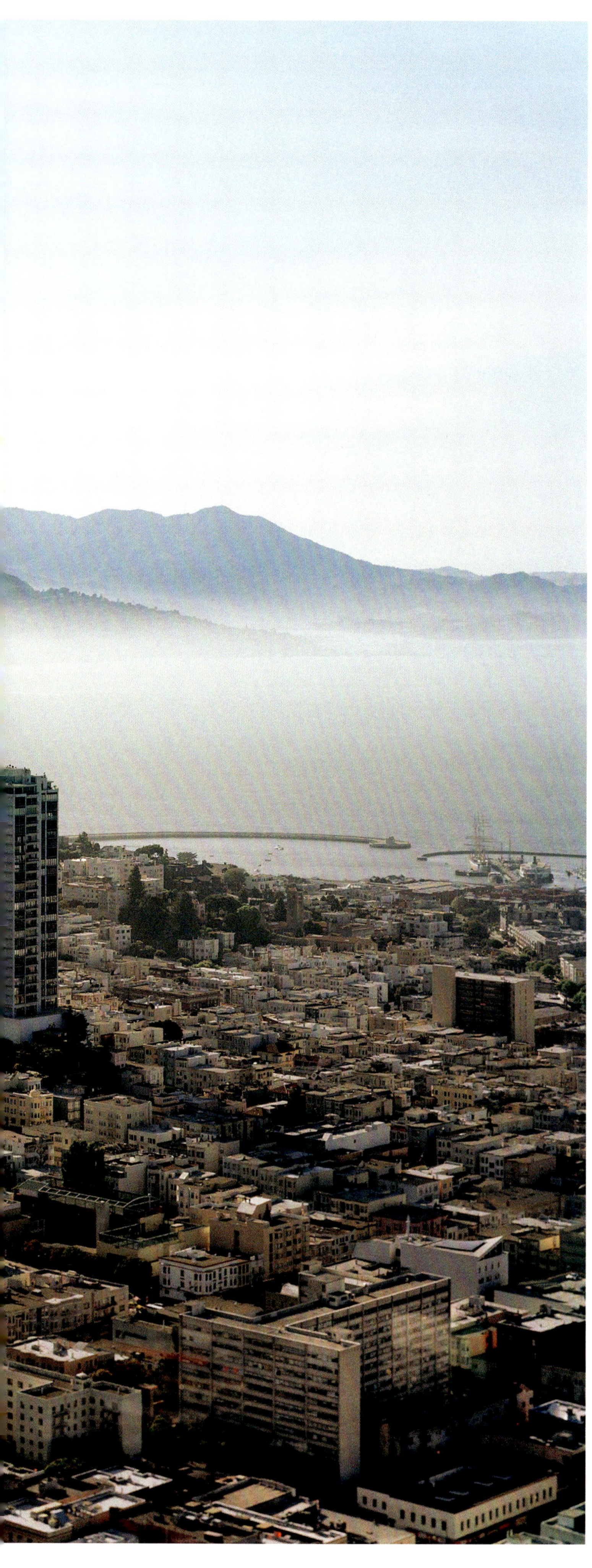

San Francisco
2007

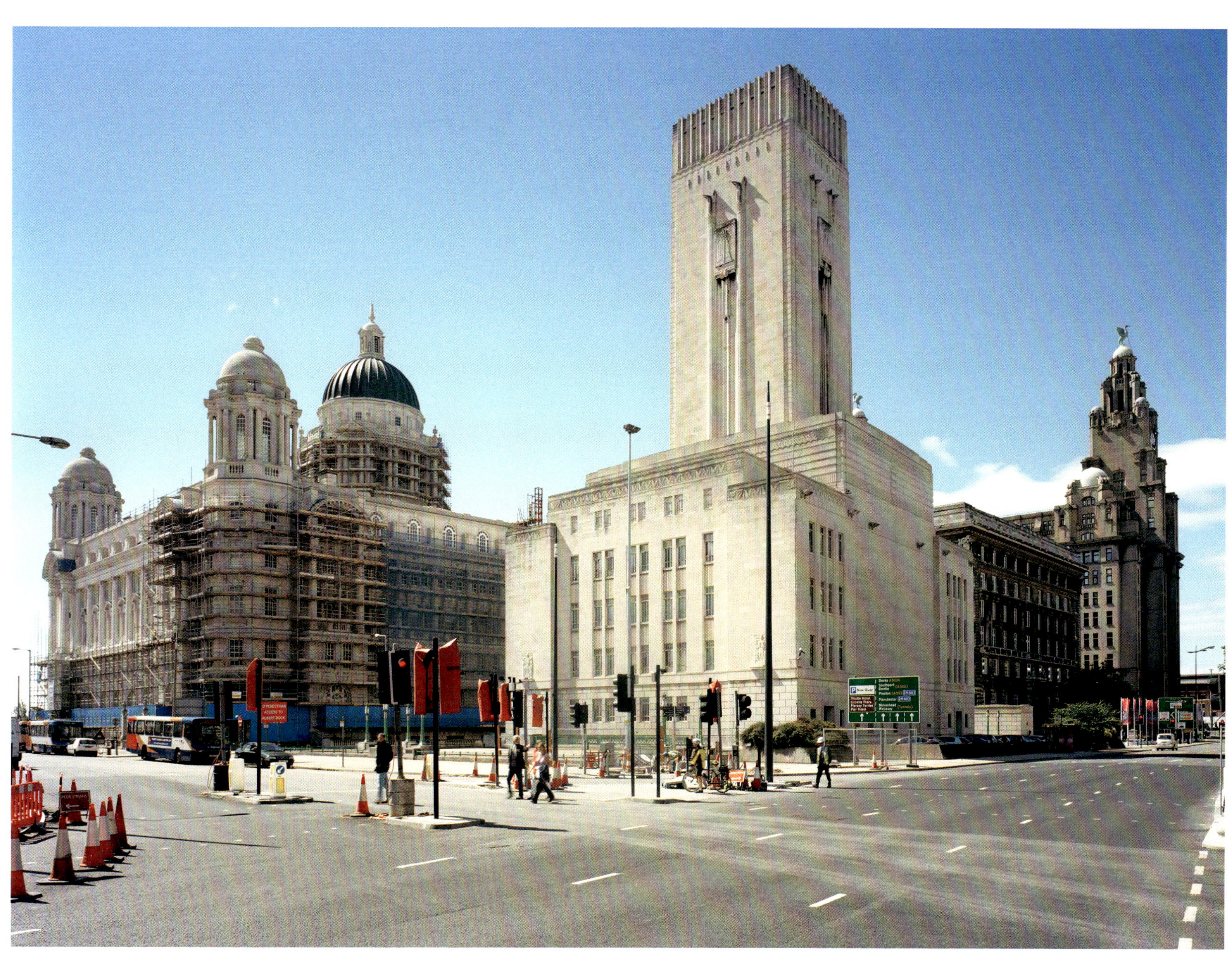

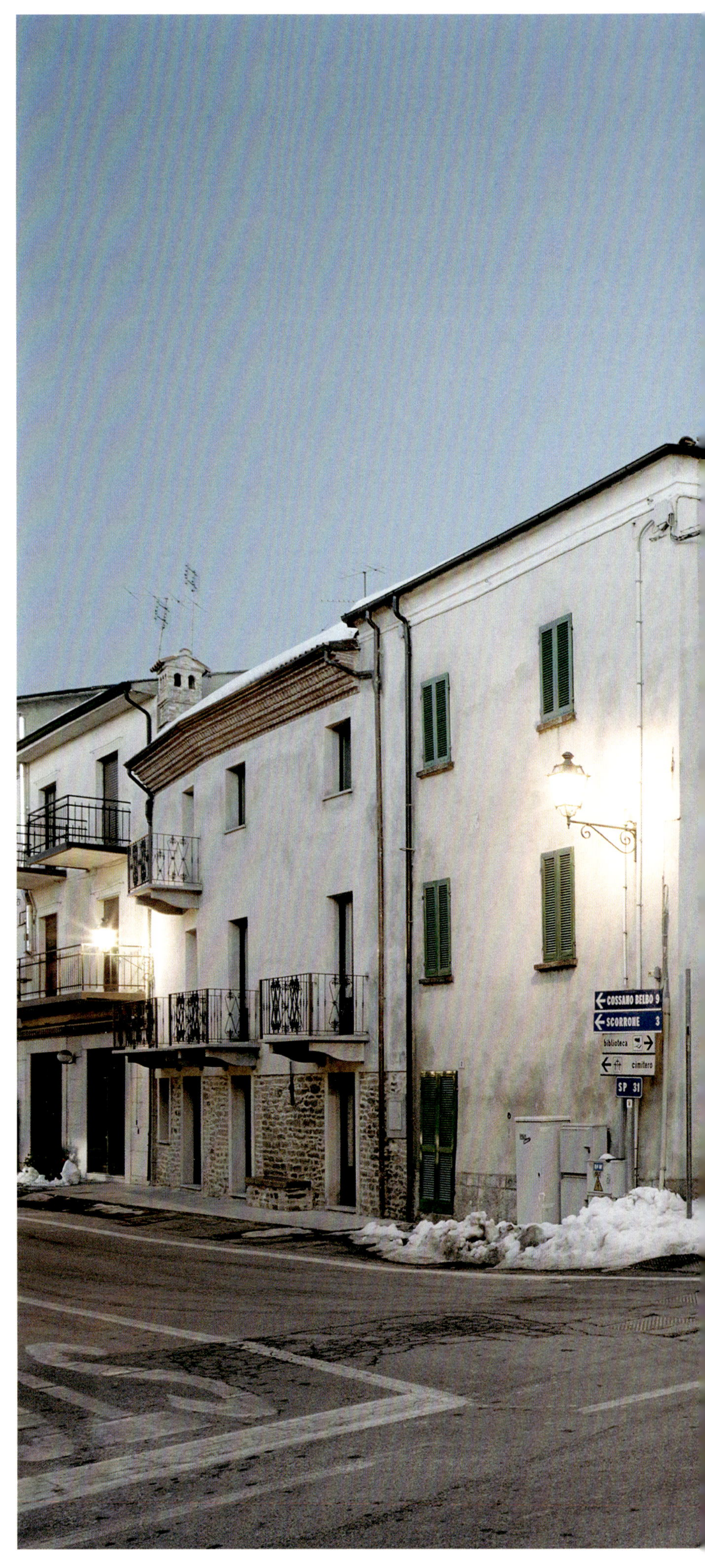

Castino (Cuneo)
2008

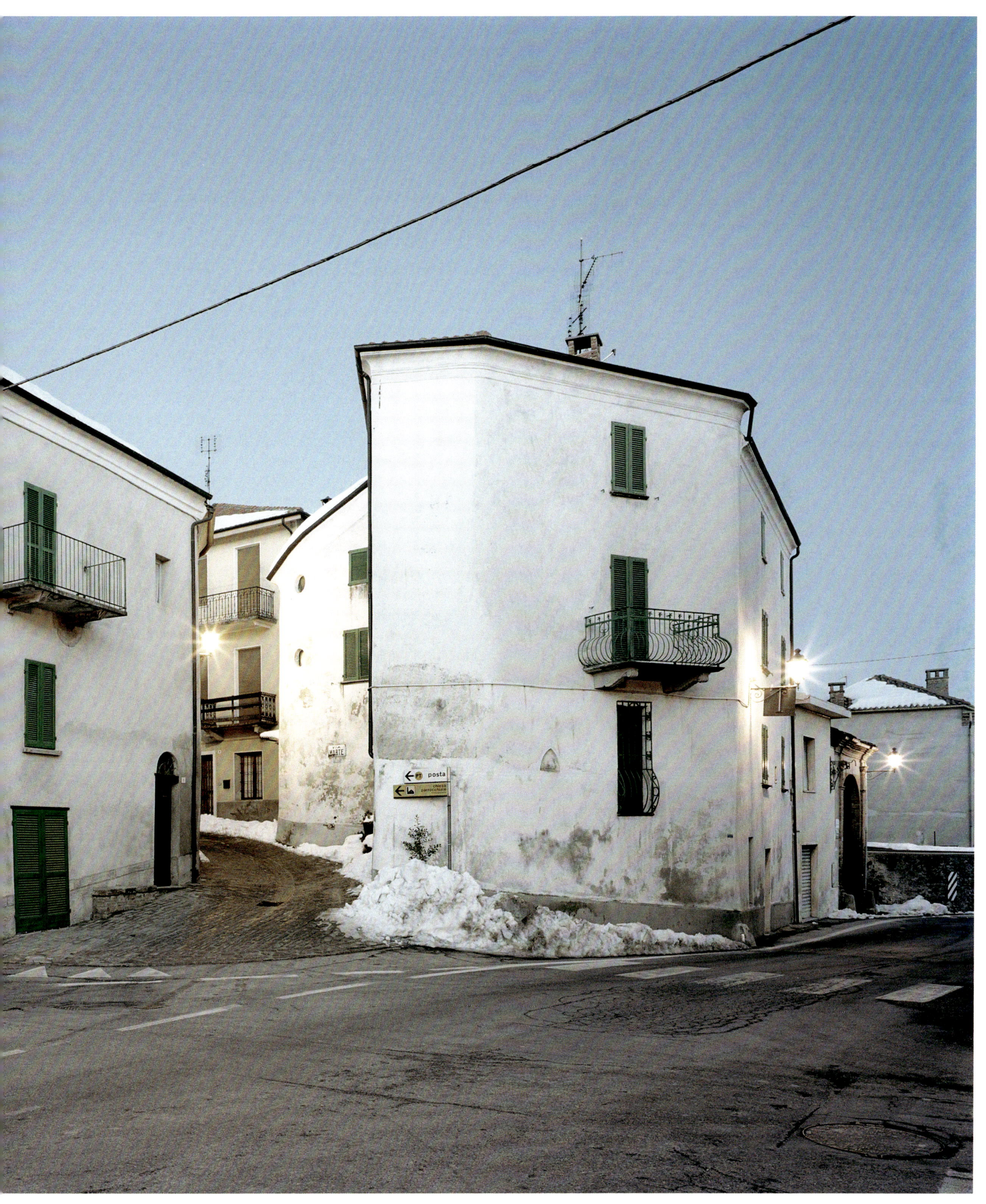
PT posta
chiesa parrocchiale

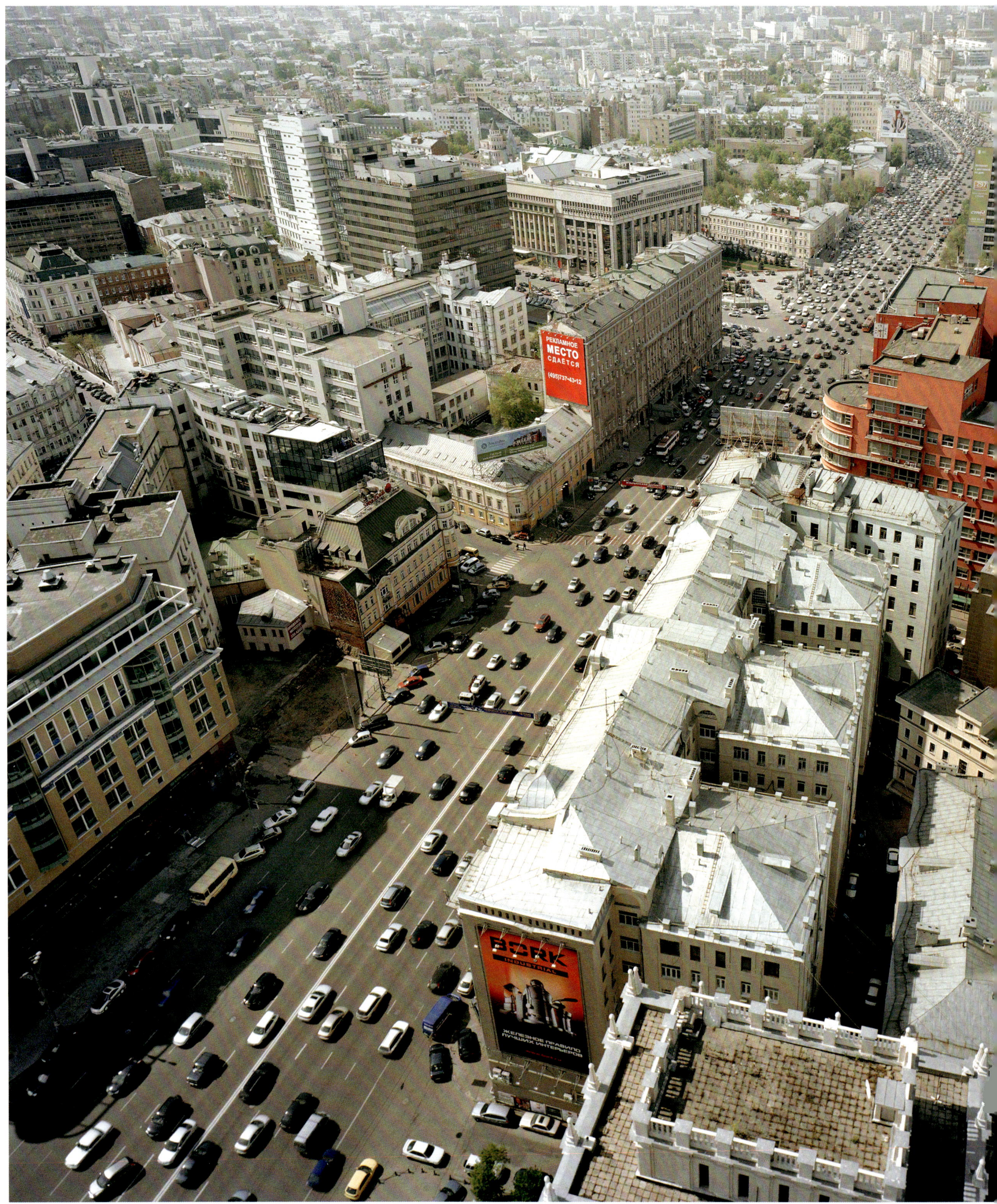
РЕКЛАМНОЕ
МЕСТО
СДАЕТСЯ
(495)737·43·12
BORK
INDUSTRIAL
ЖЕЛЕЗНОЕ ПРАВИЛО
ЛУЧШИХ ИНТЕРЬЕРОВ

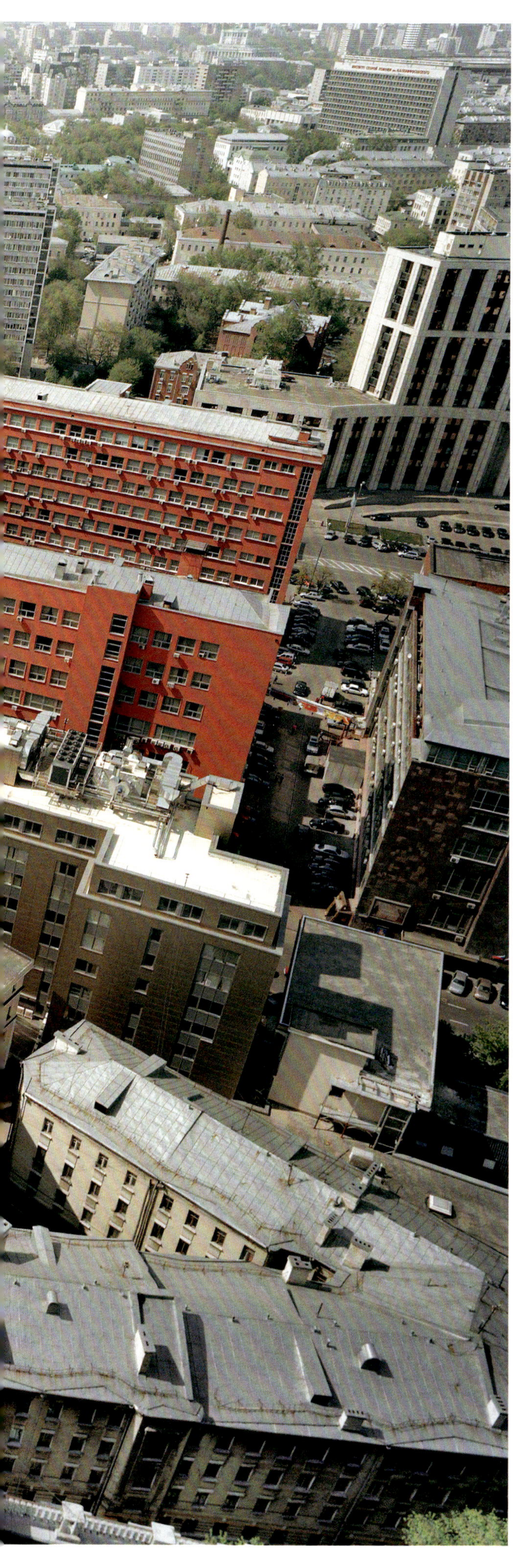

Mosca
2008

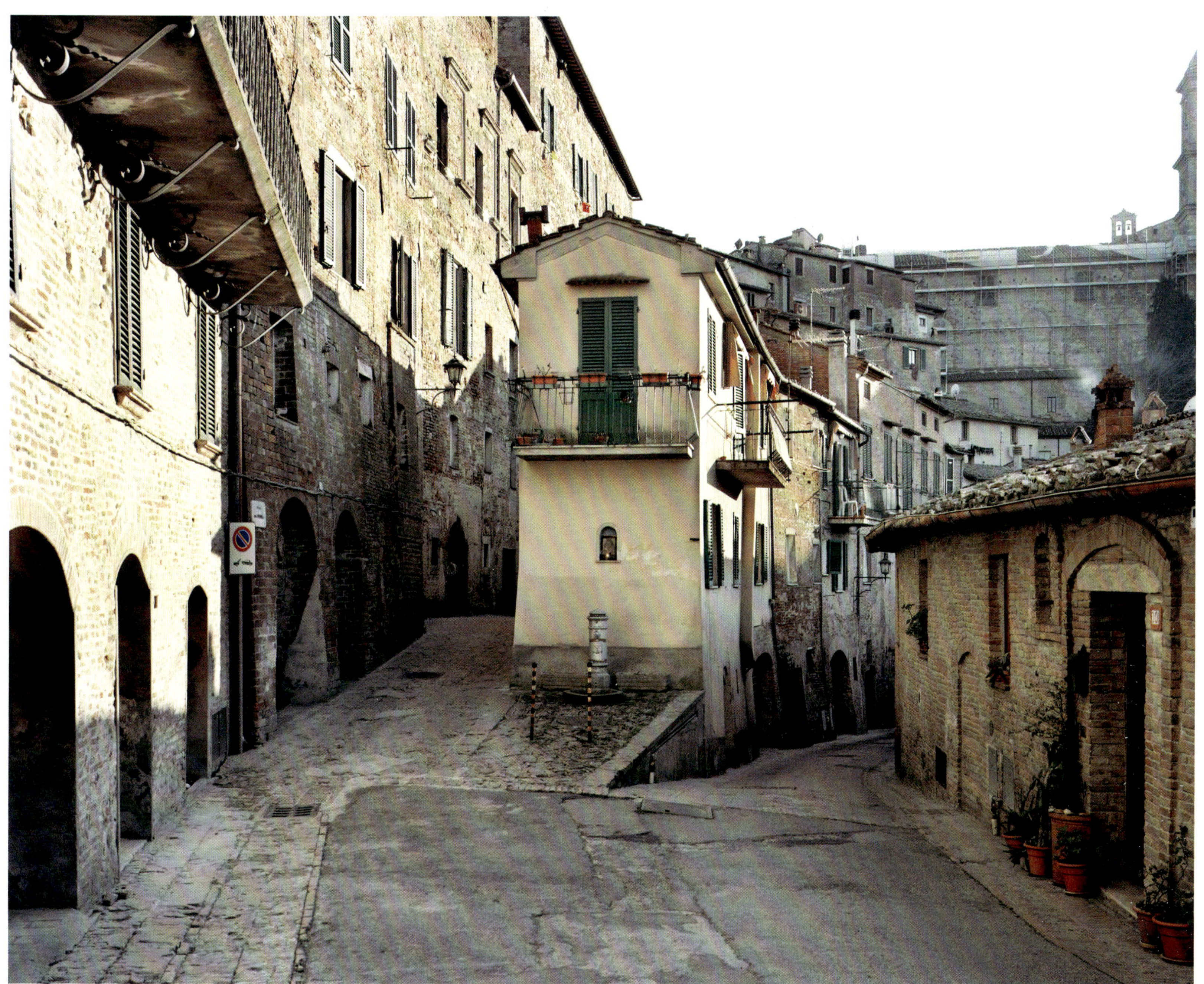

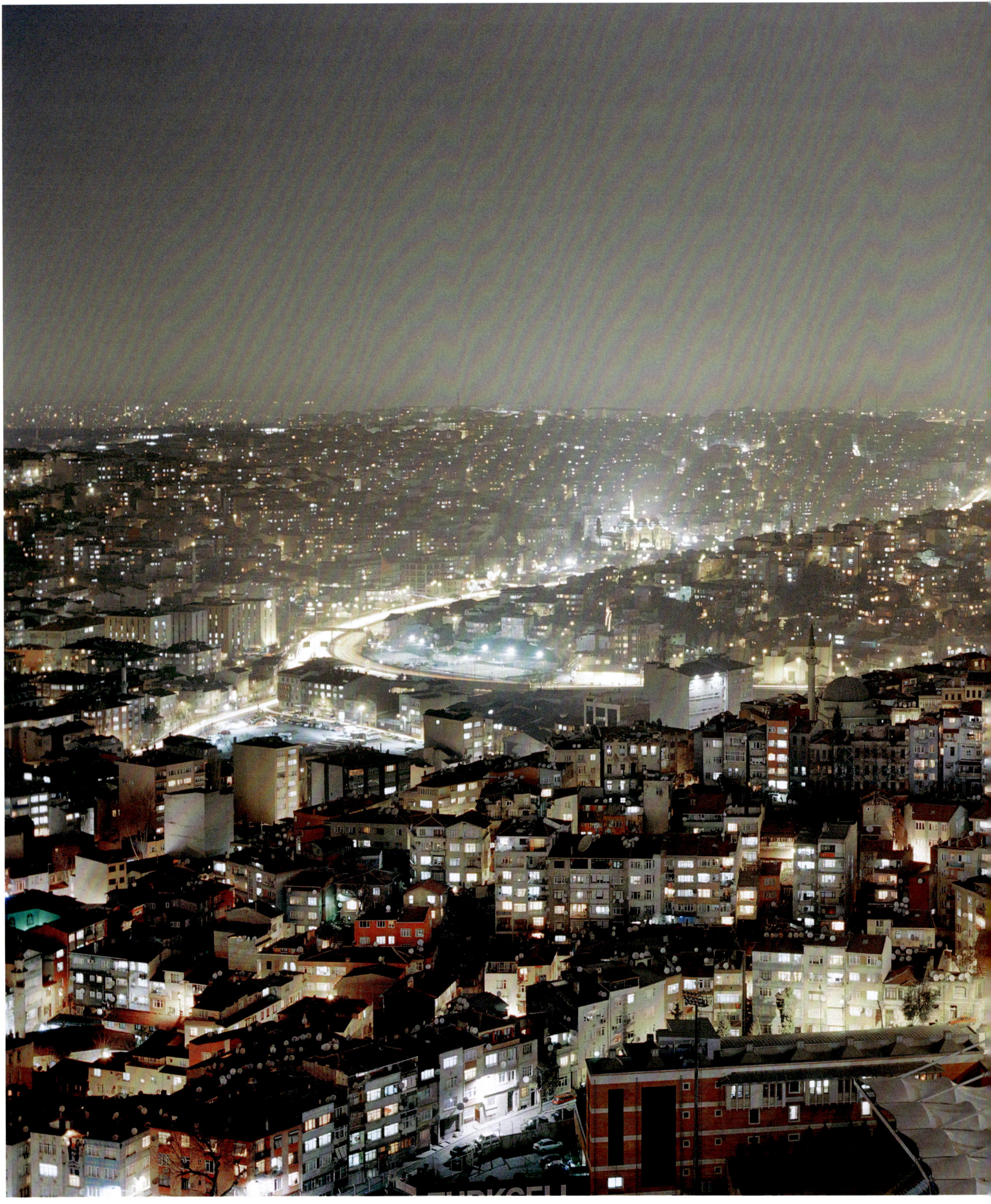

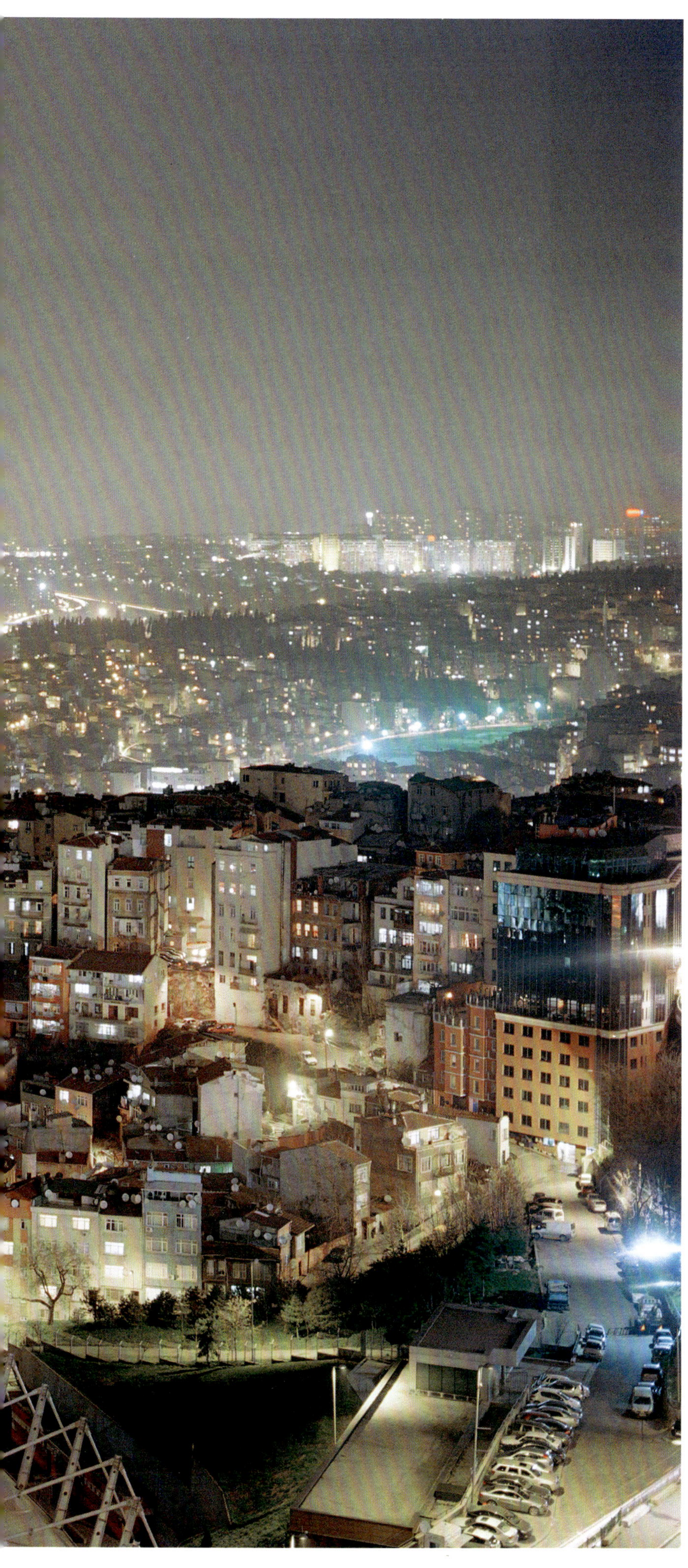

Istanbul
2010

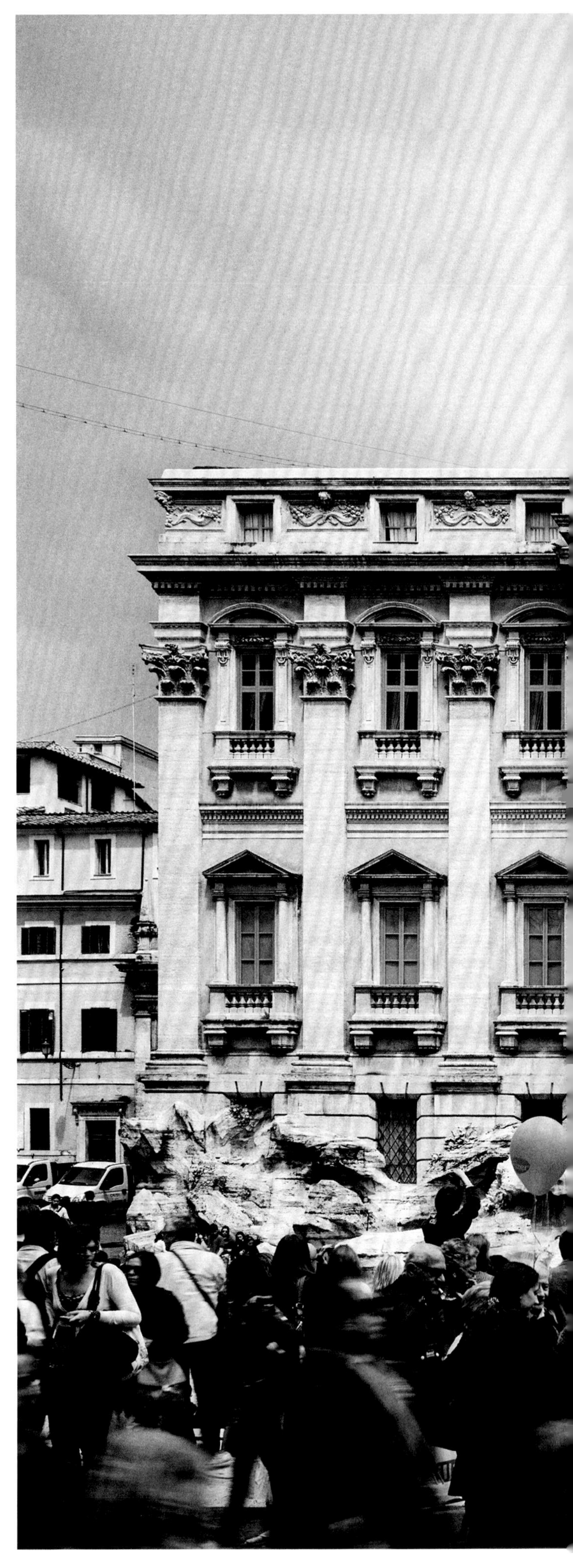

Roma
2007

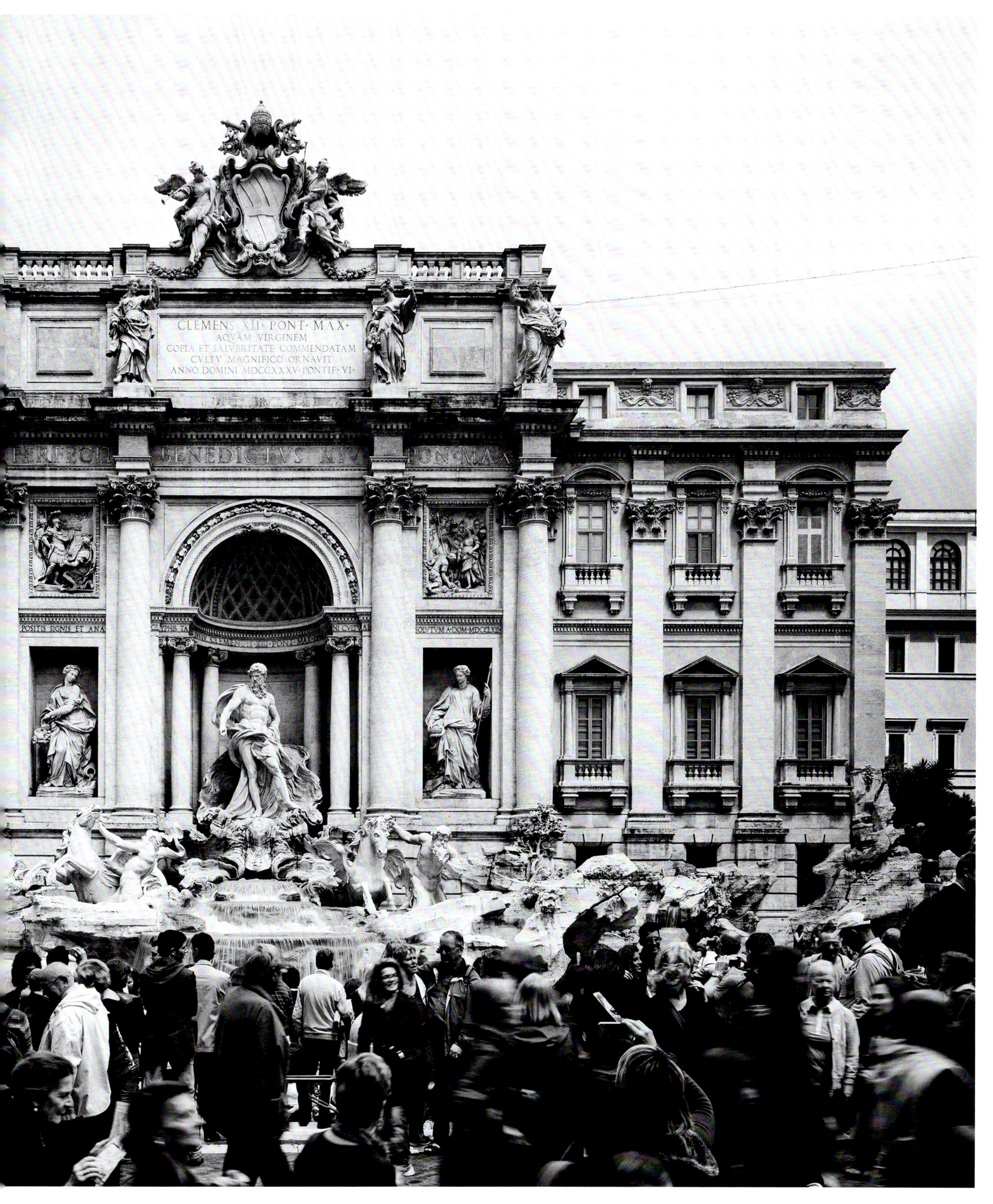
CLEMENS XII PONT MAX
AQVAM VIRGINEM
COPIA ET SALVBRITATE COMMENDATAM
CVLTV MAGNIFICO ORNAVIT
ANNO DOMINI MDCCXXXV PONTIF VI

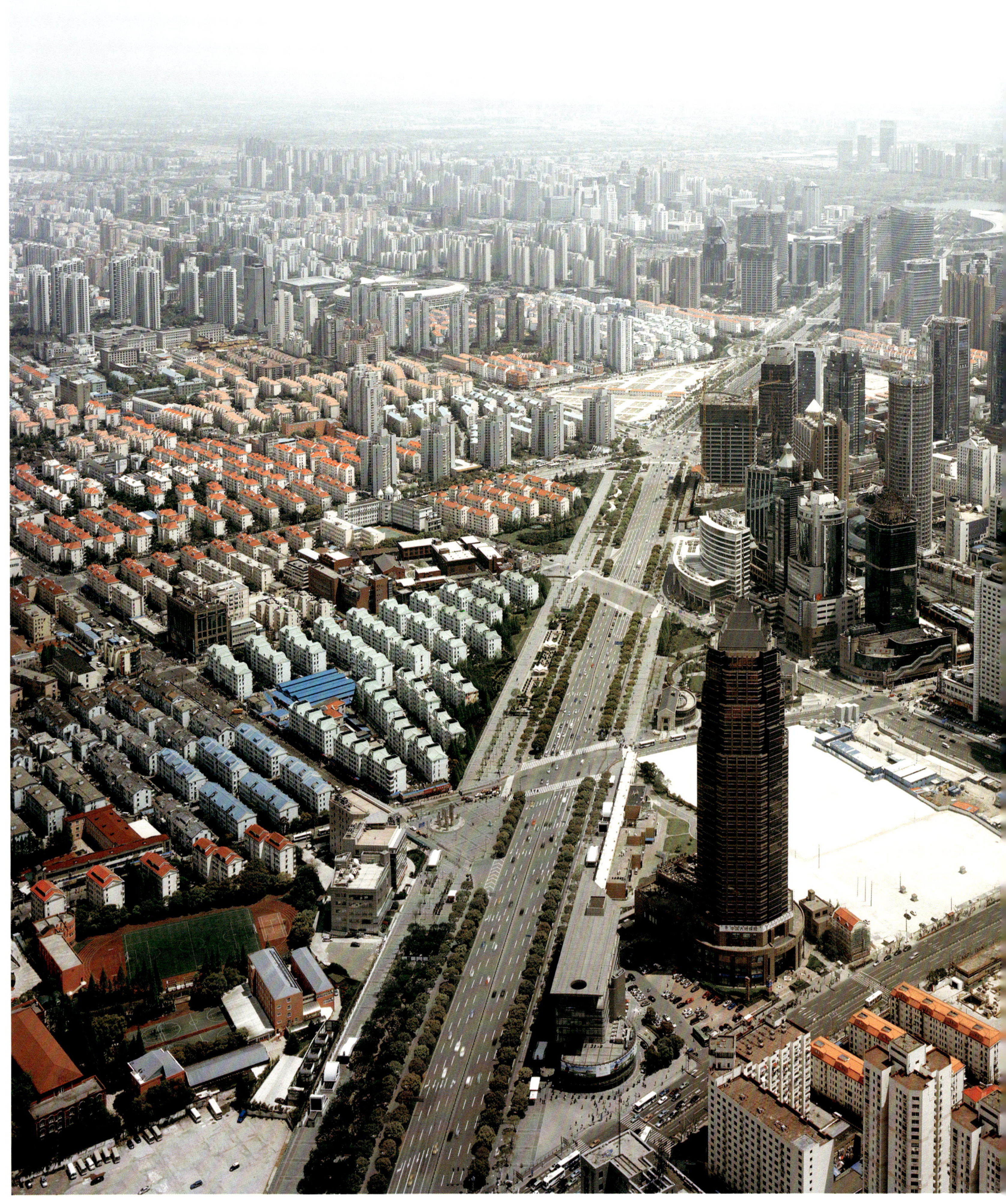

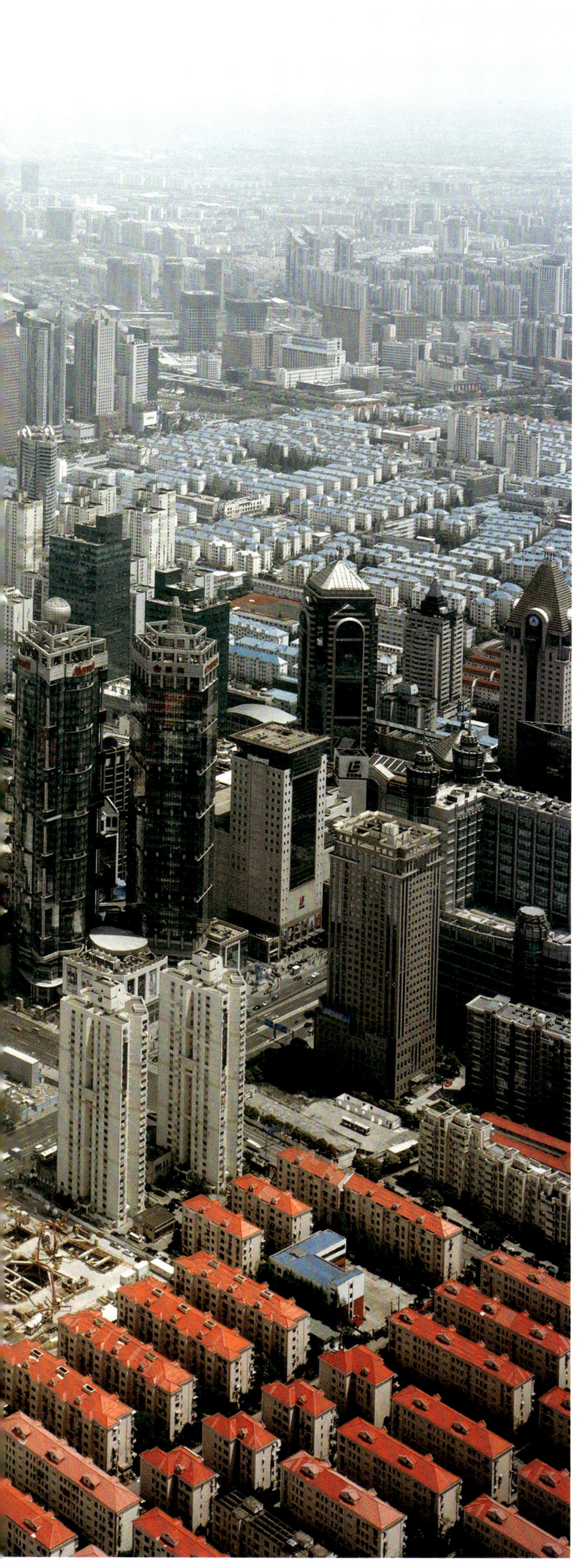

Shanghai
2010

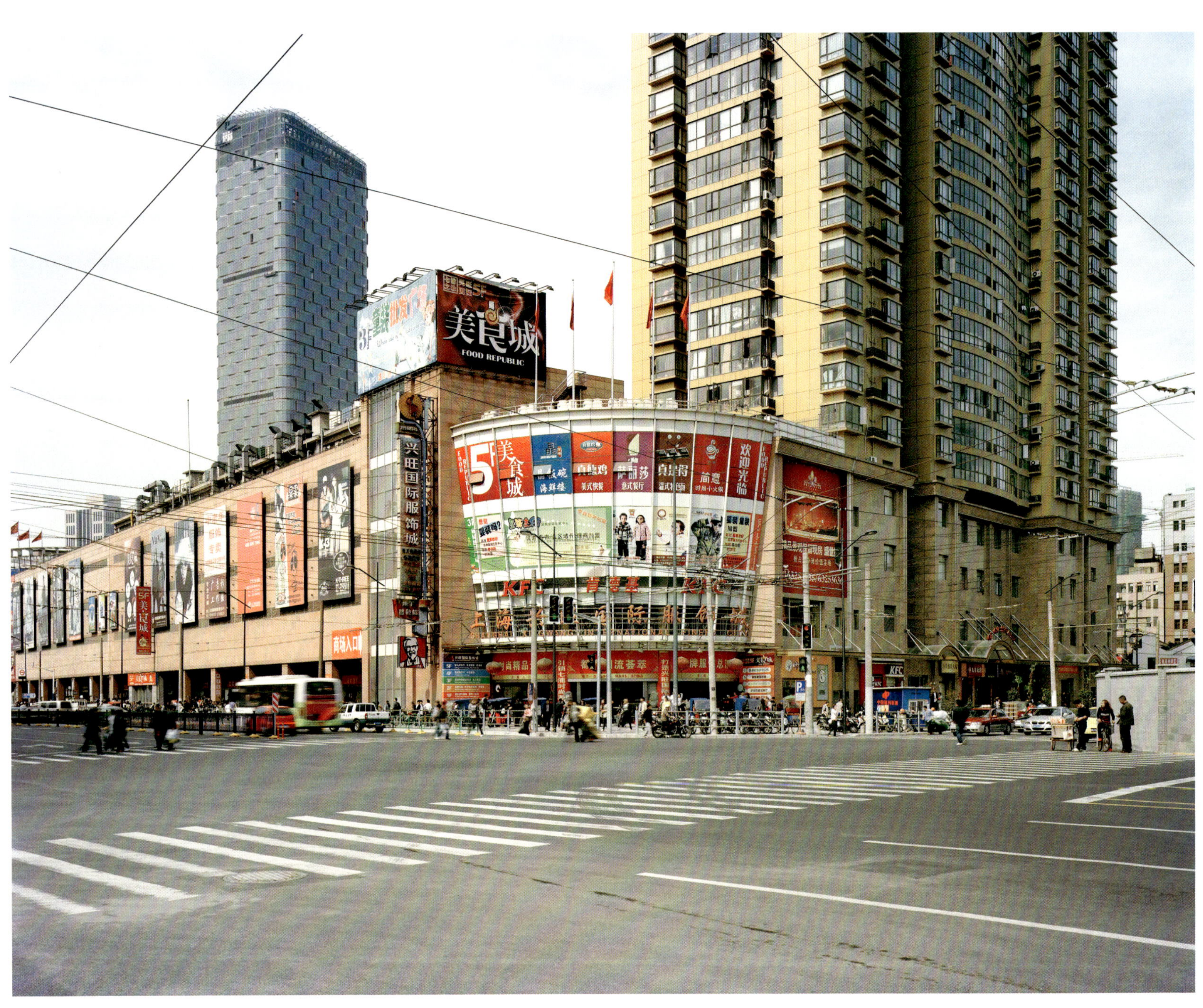

美食城
FOOD REPUBLIC
兴旺国际服饰城
5F 美食城
欢迎光临
KFC

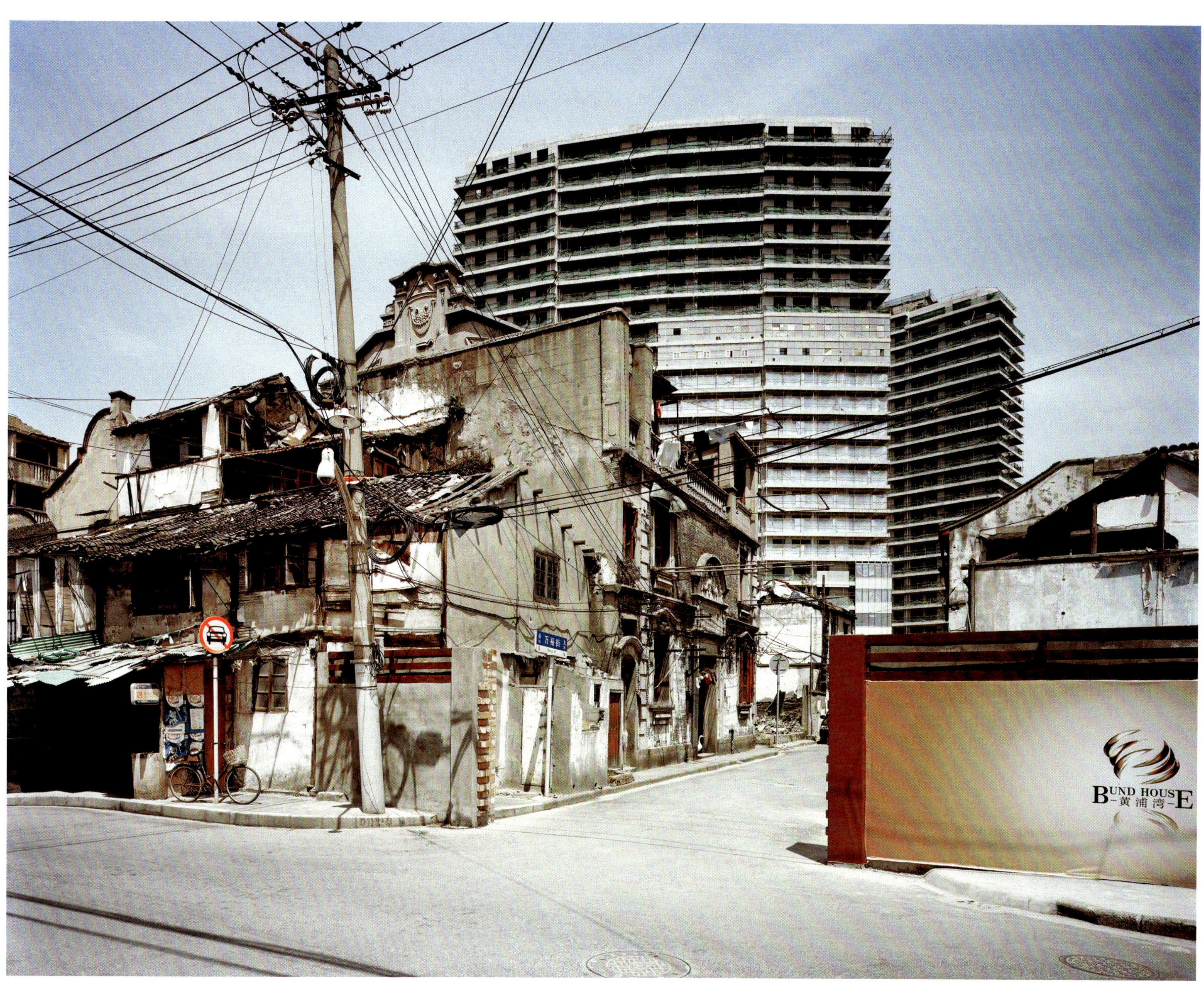

Shanghai
2010

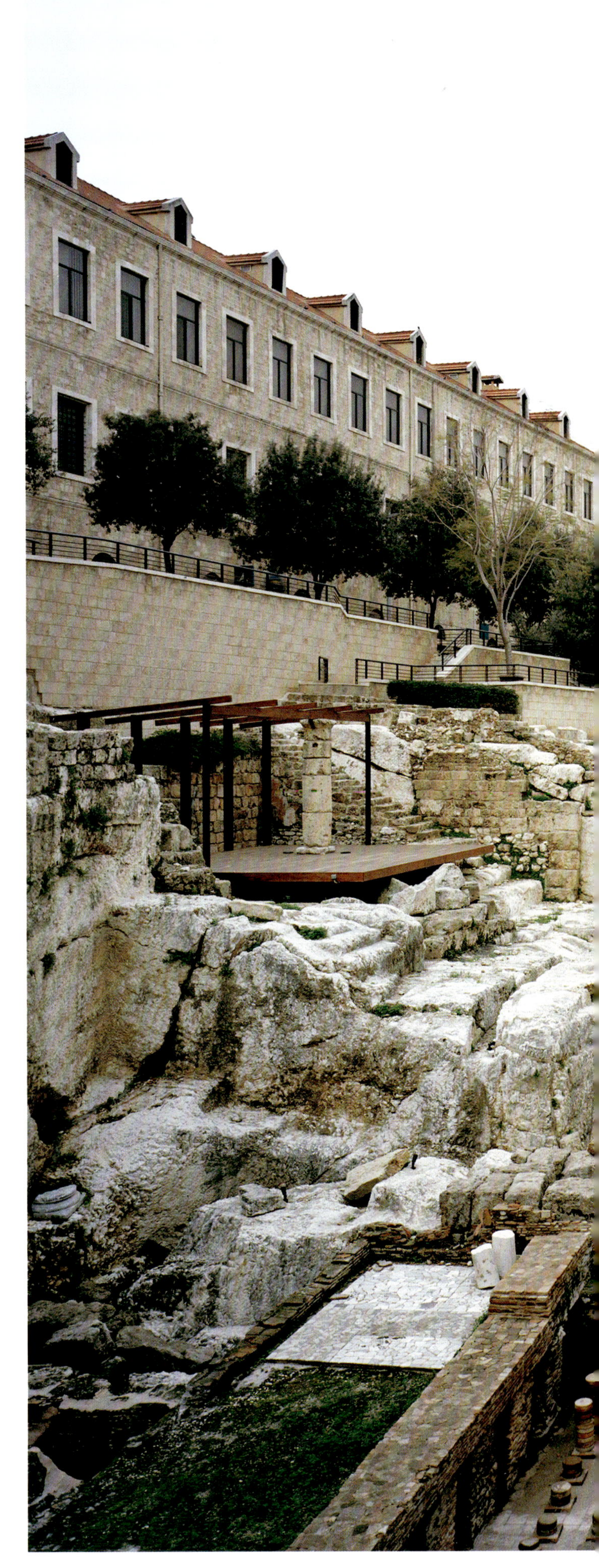

Beirut
2011

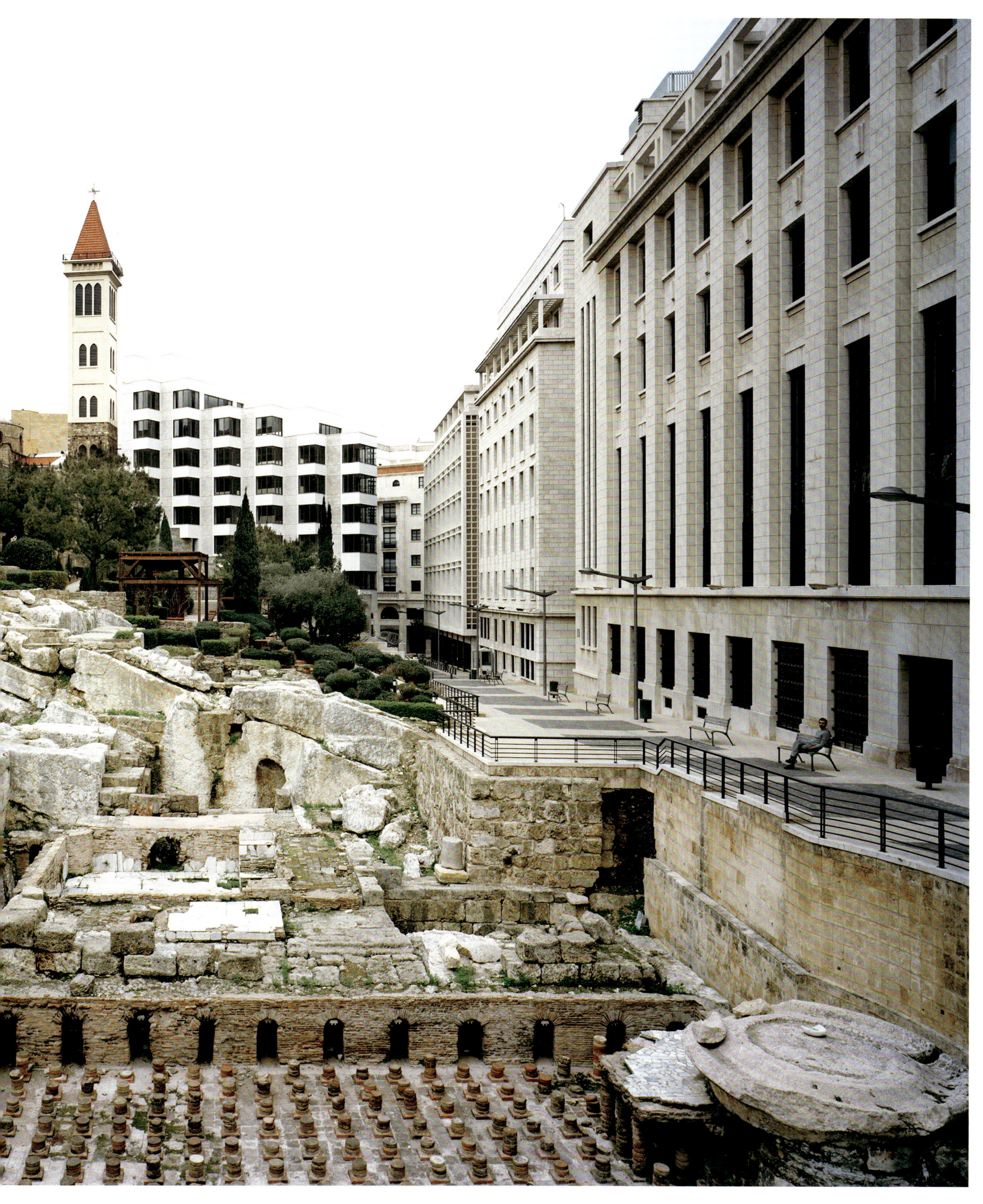

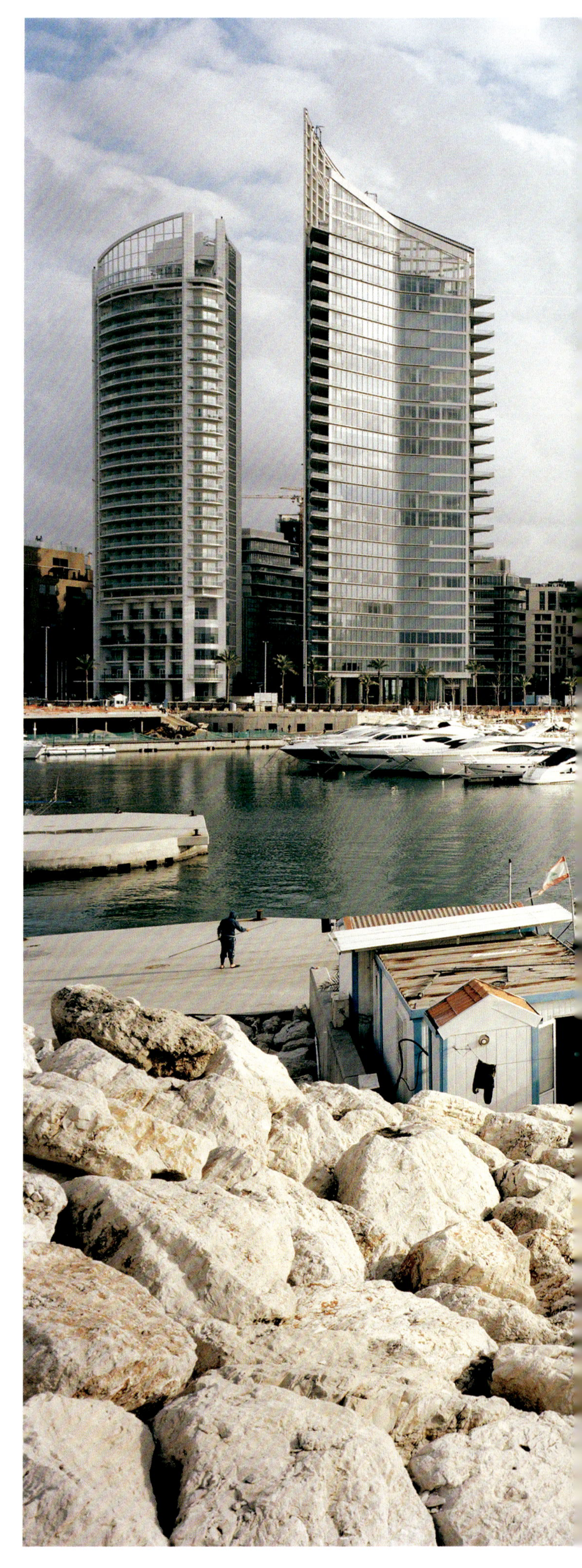

Beirut
2011

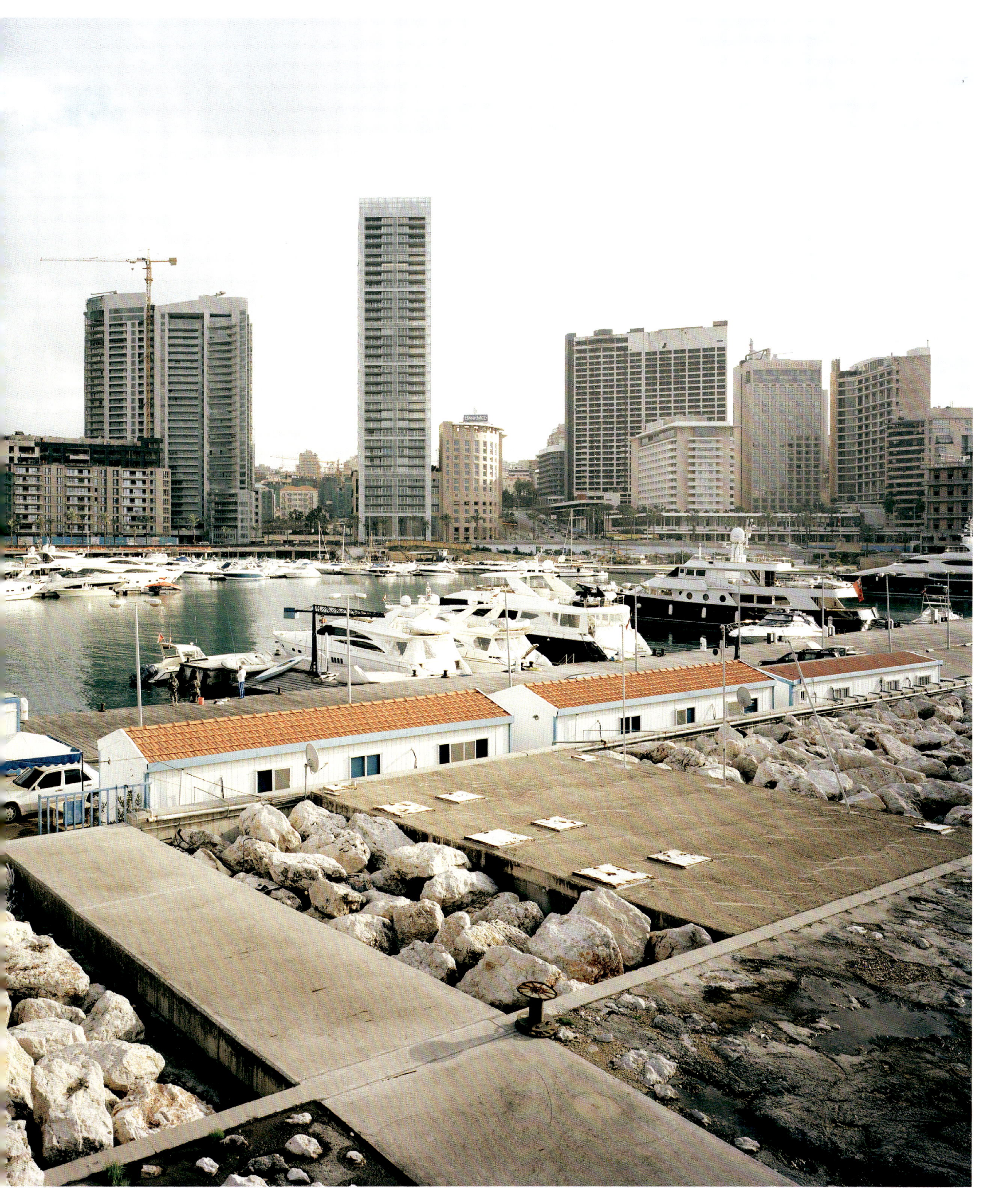

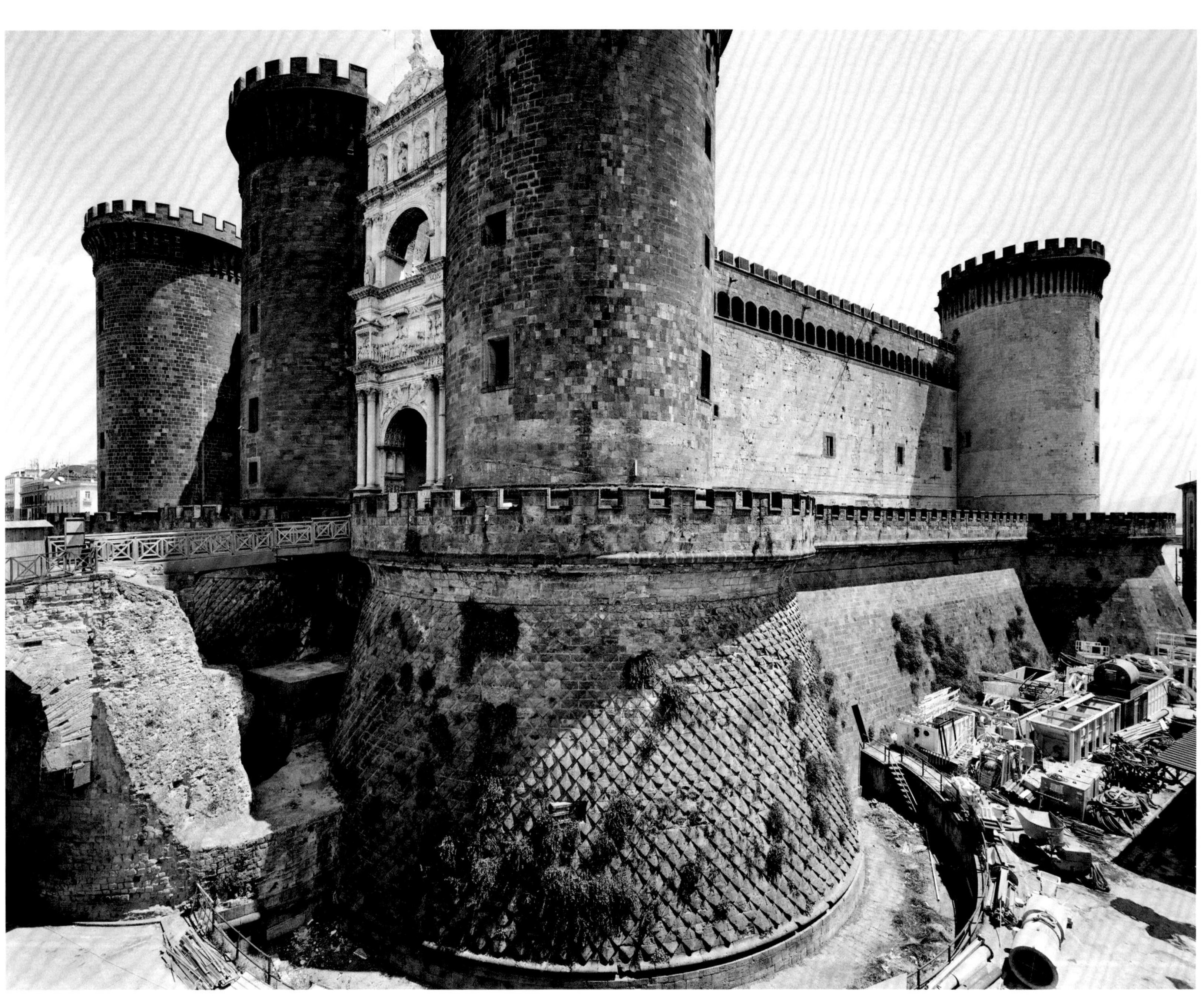

Napoli
2011

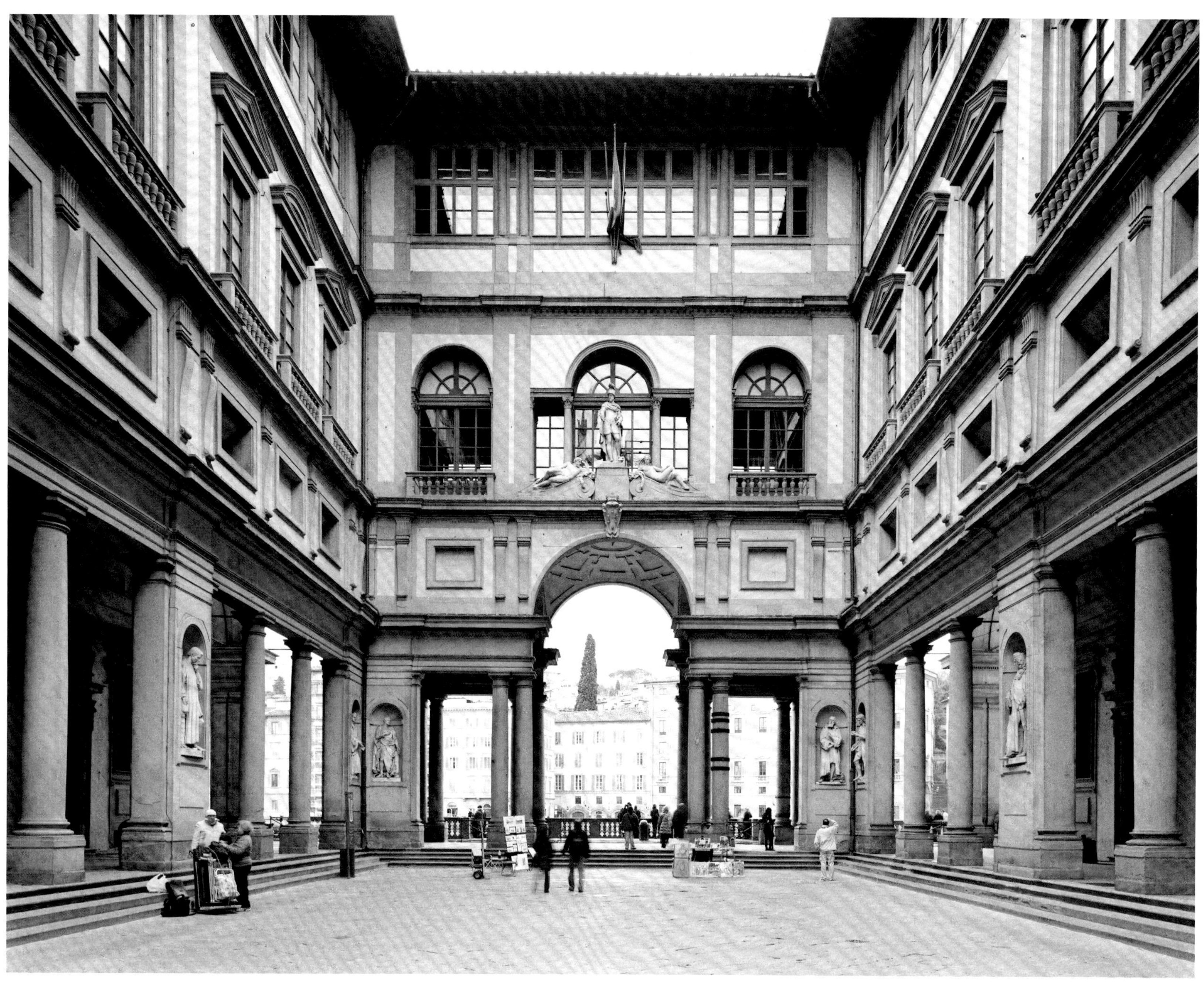

Firenze
2011

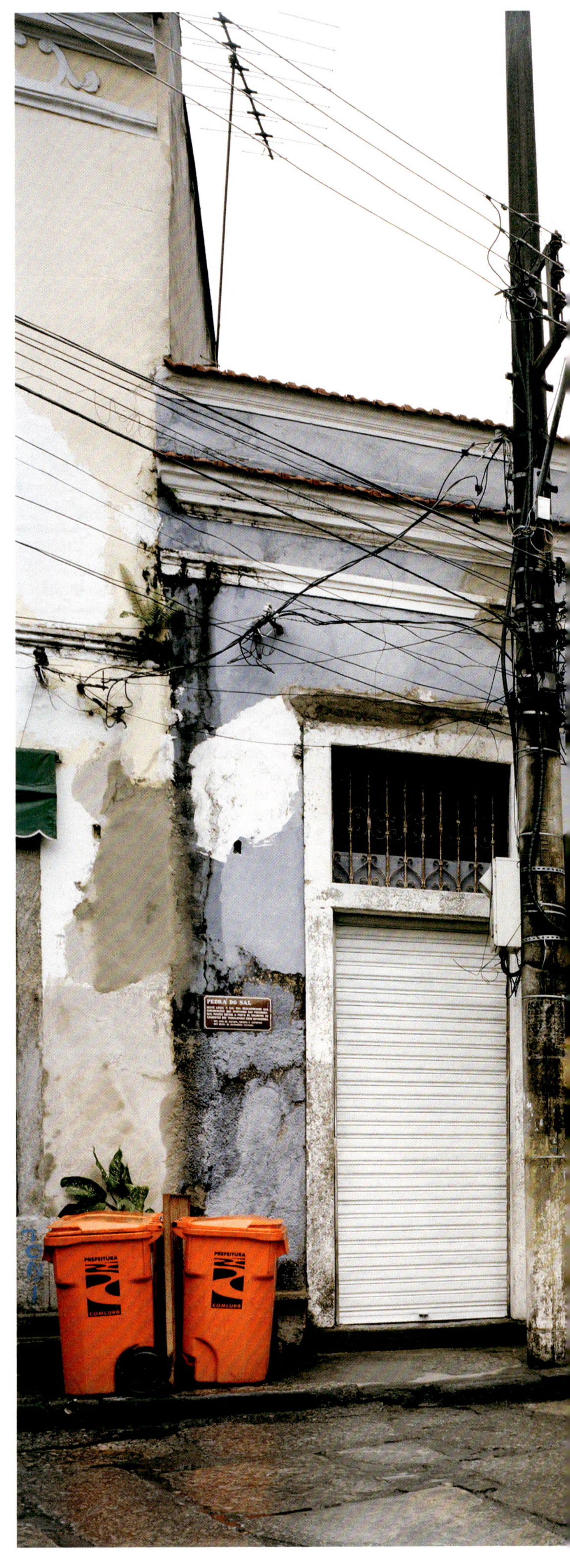

Rio de Janeiro
2011

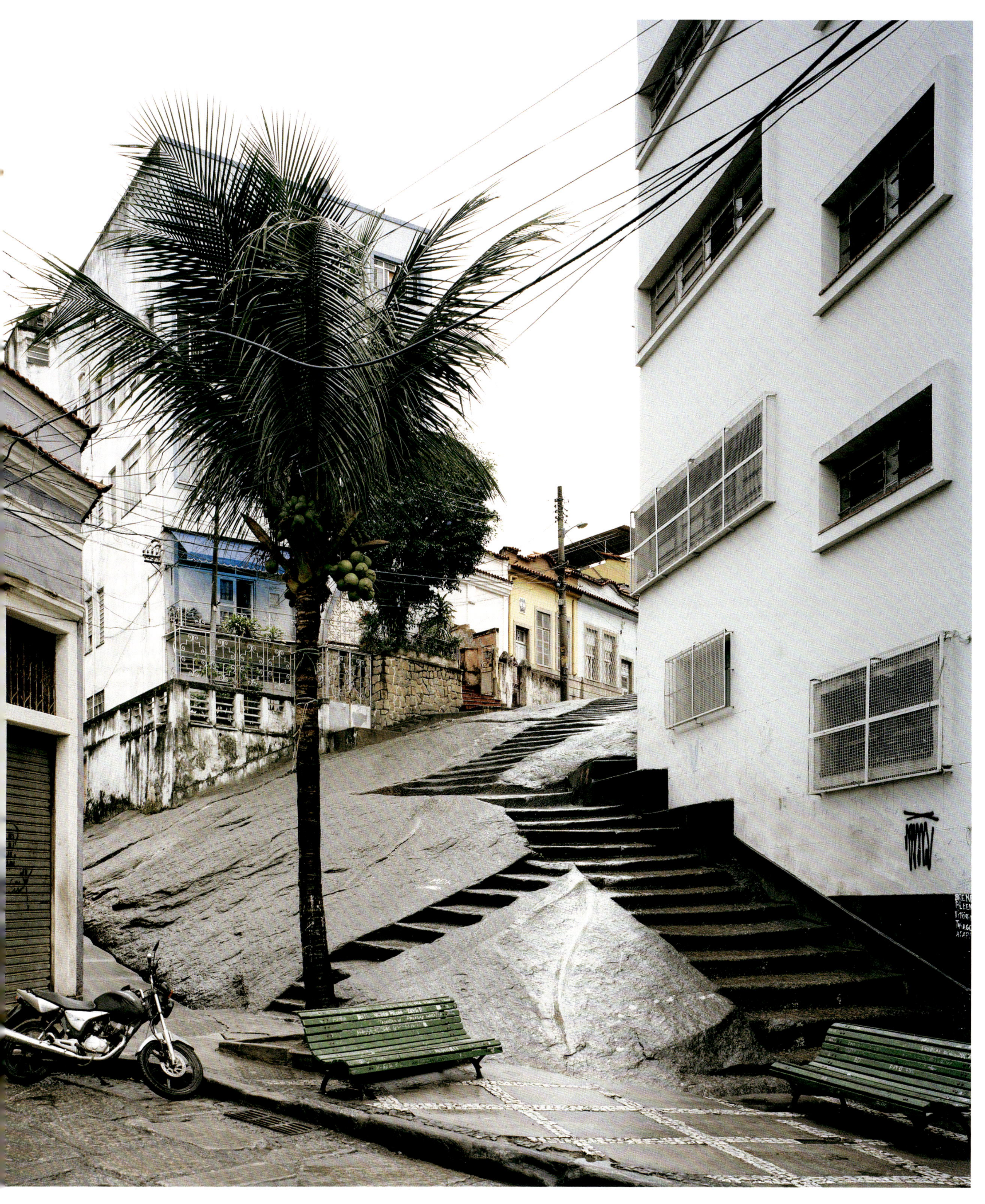

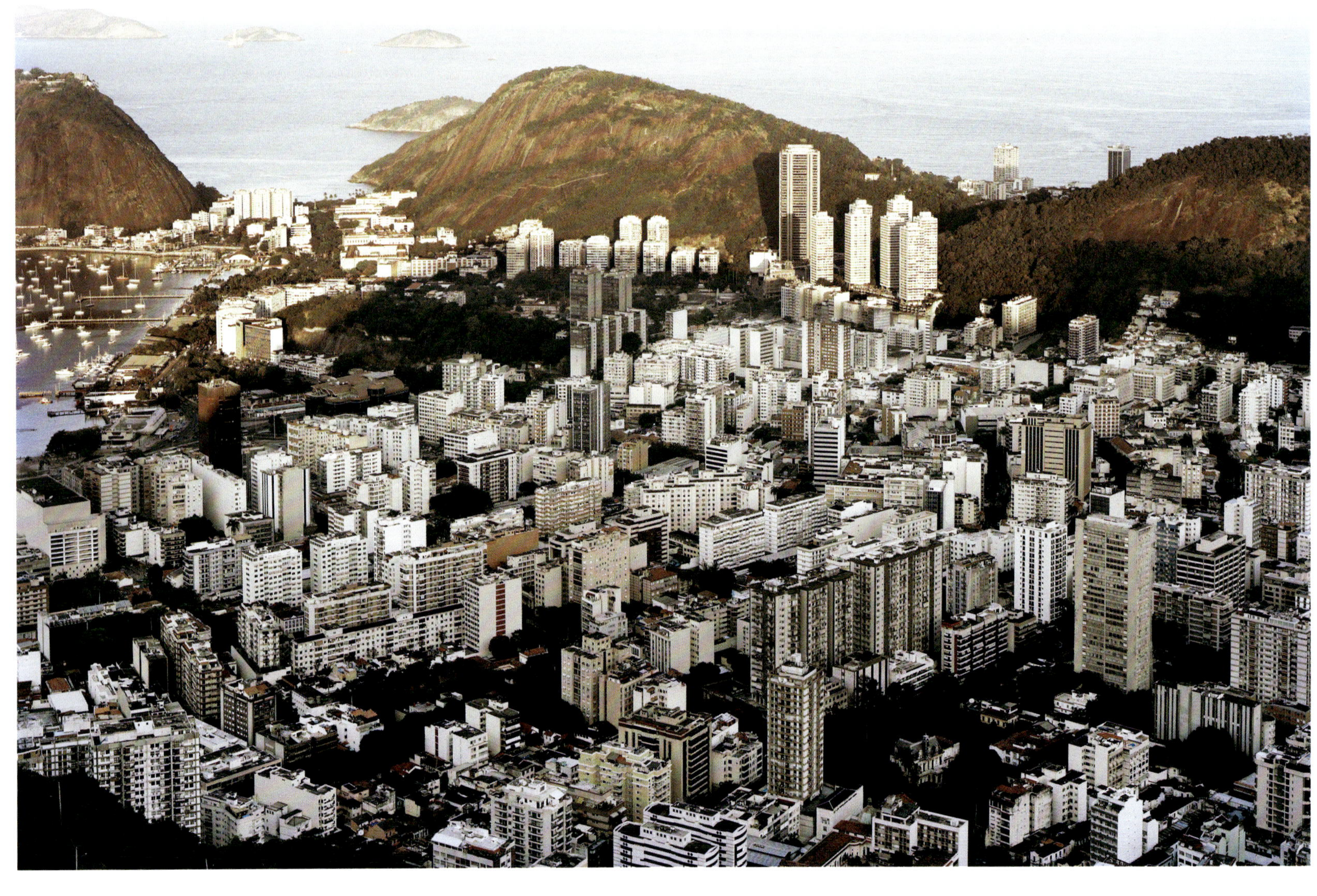

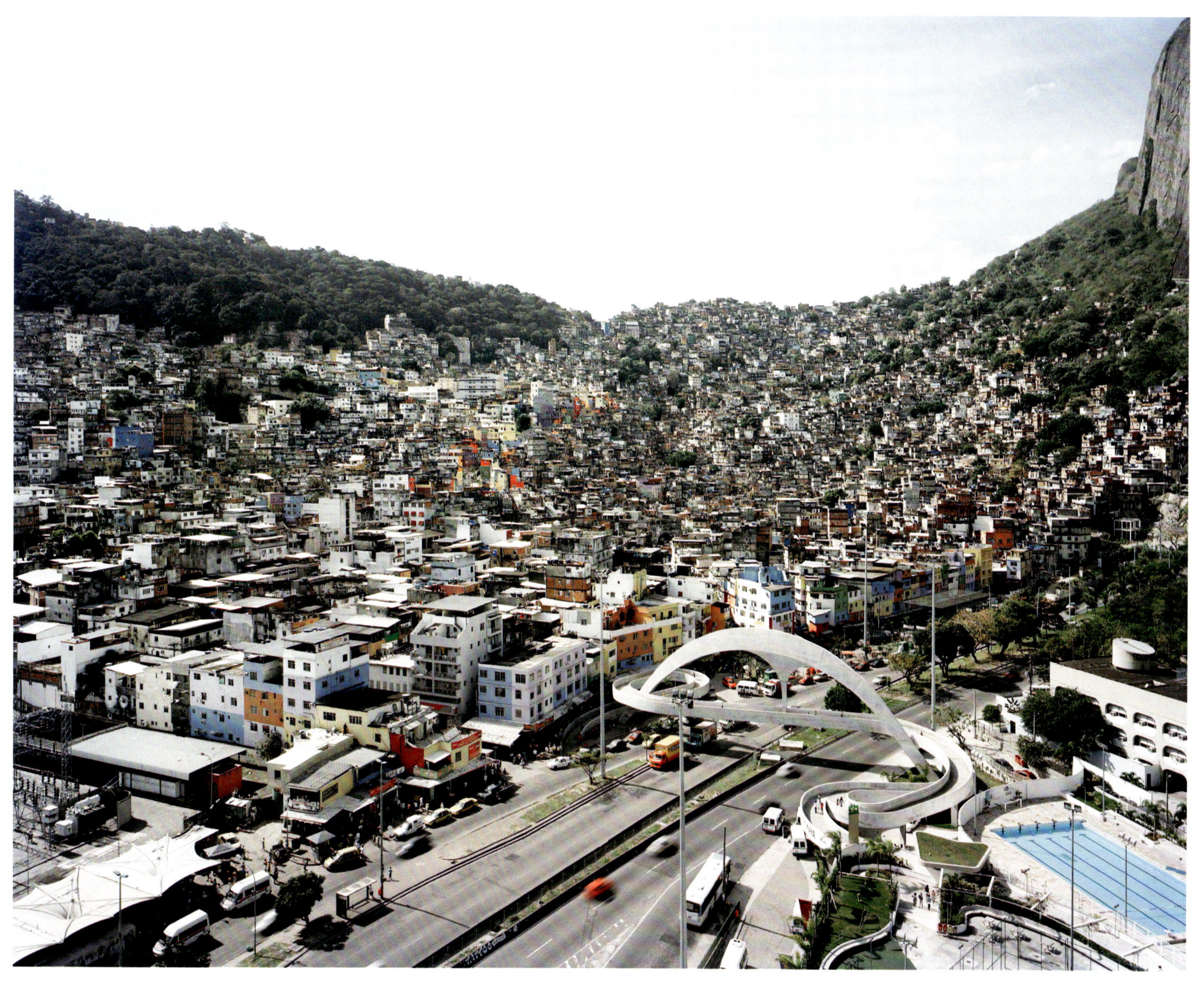

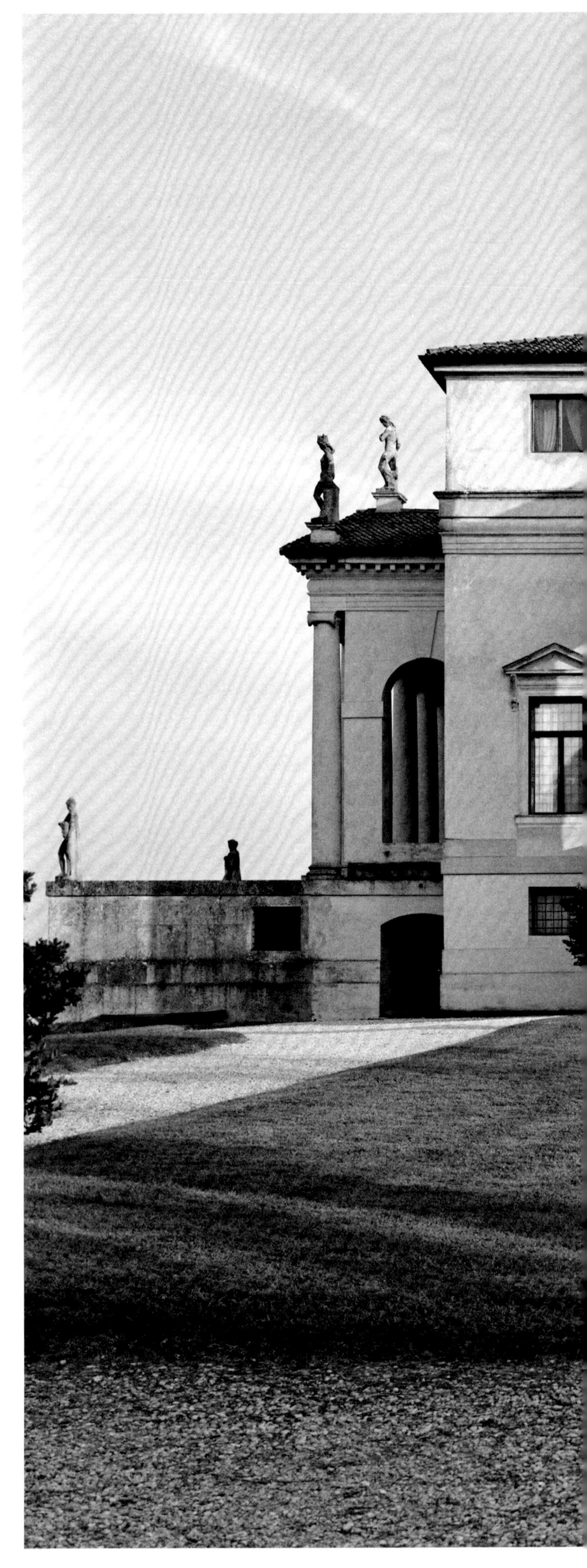

Vicenza
2011

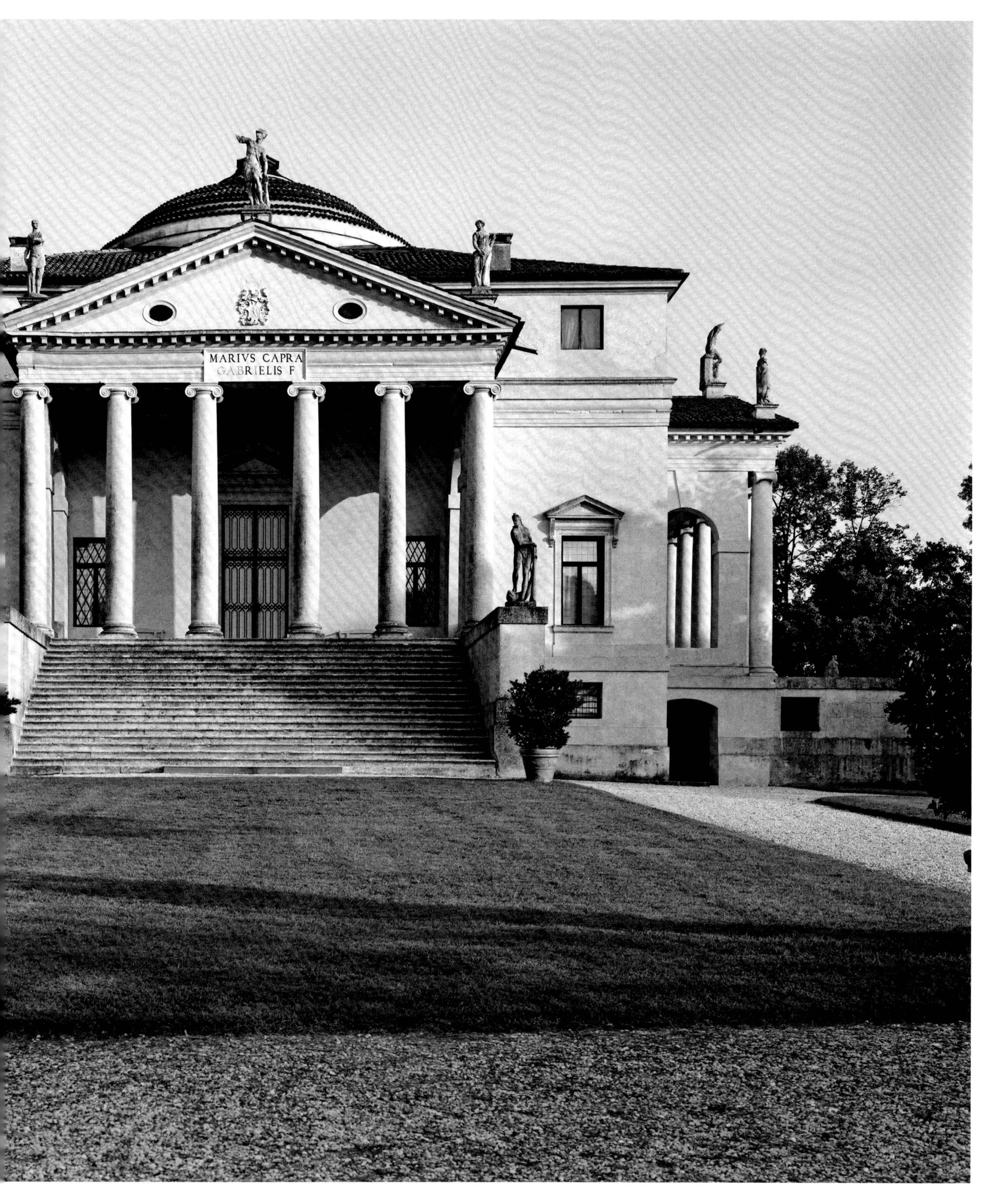
MARIVS CAPRA
GABRIELIS F

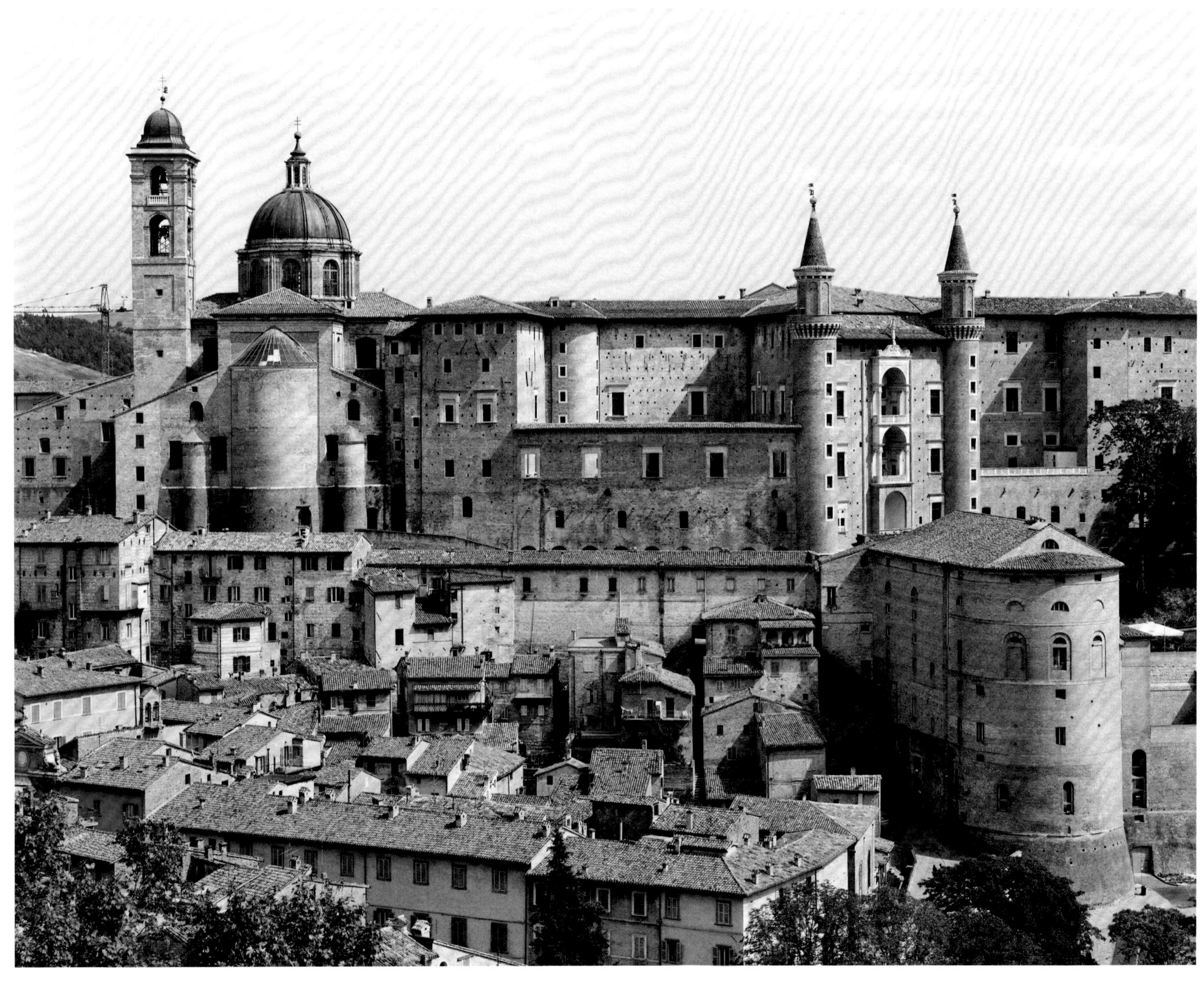

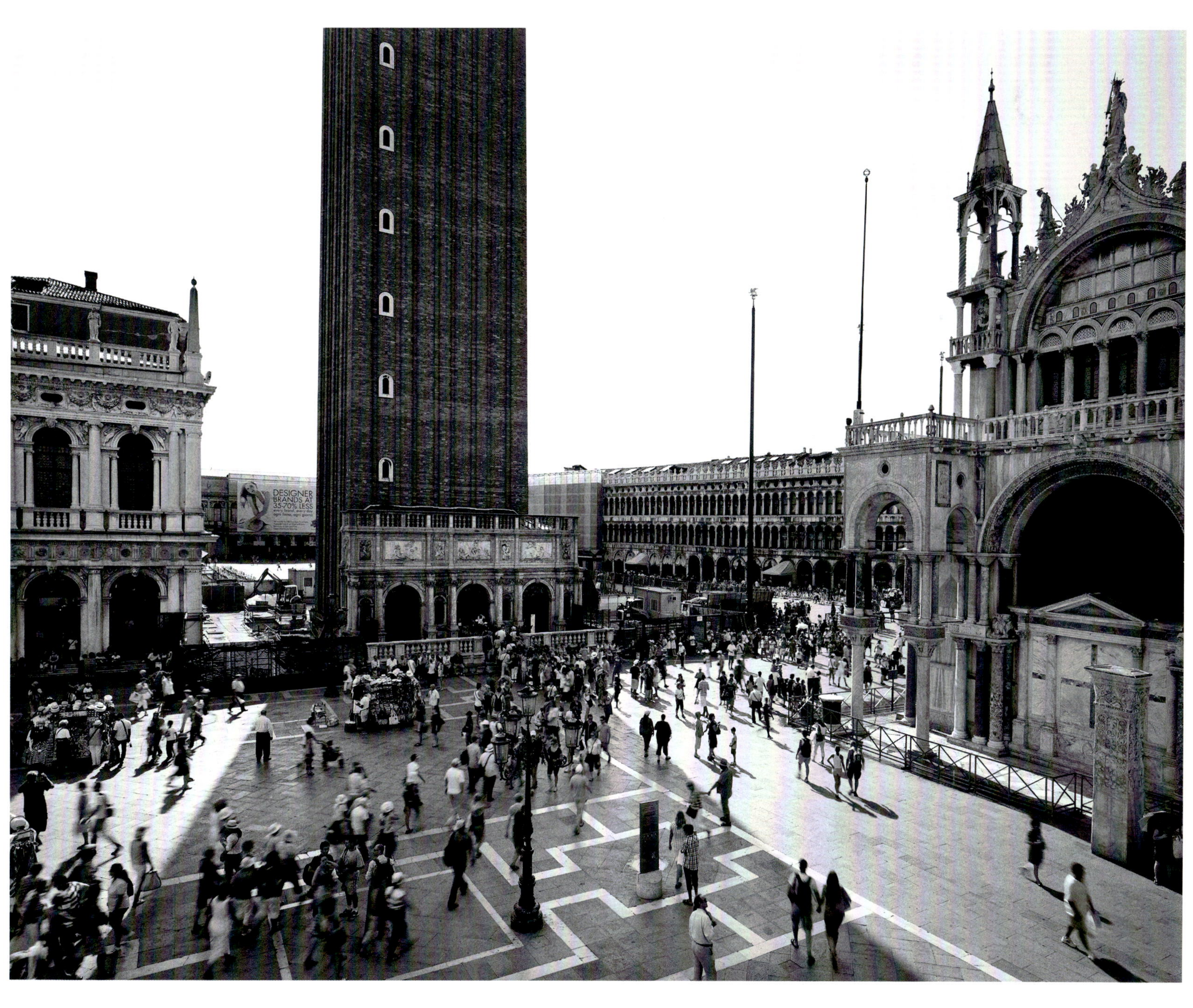

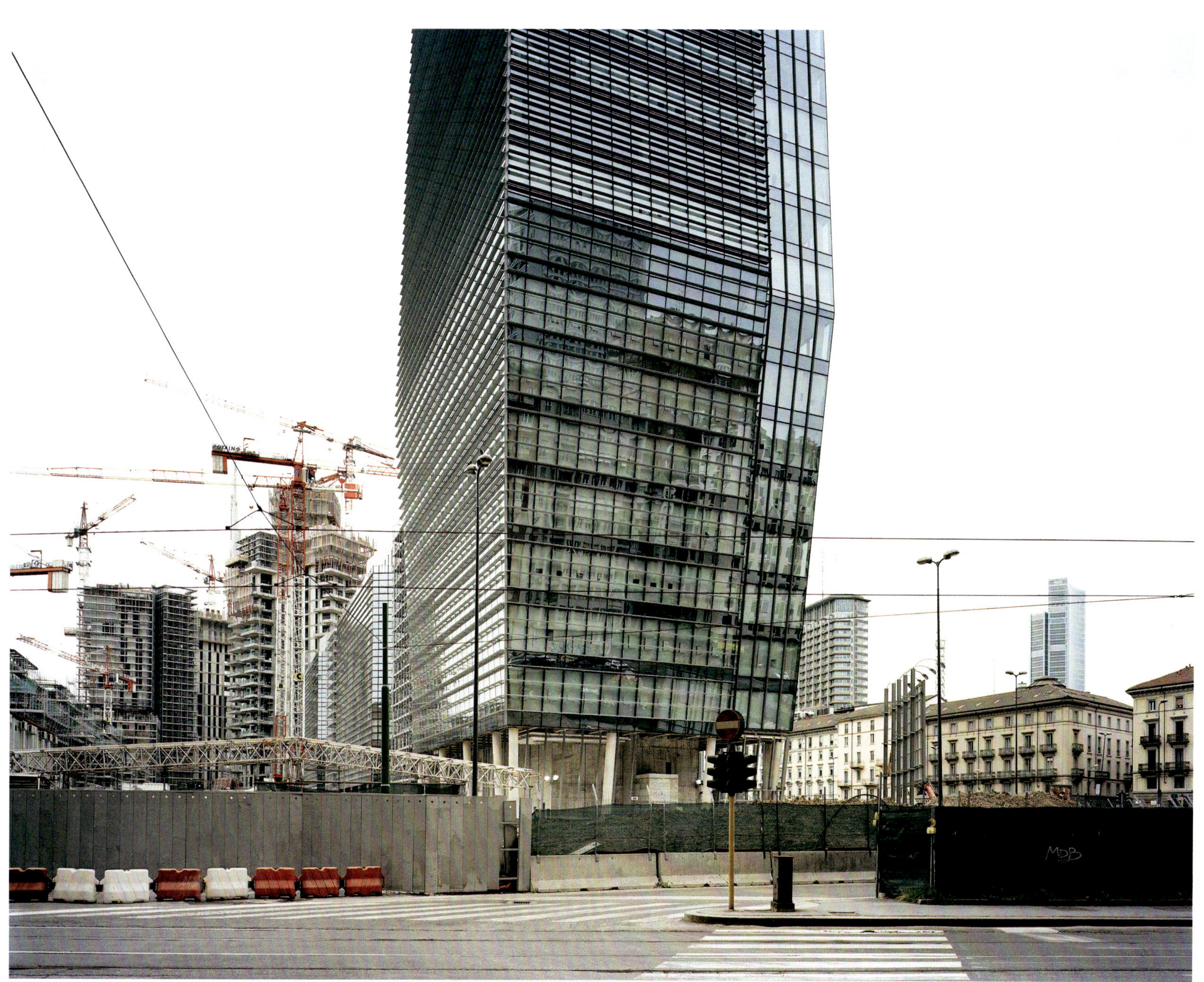

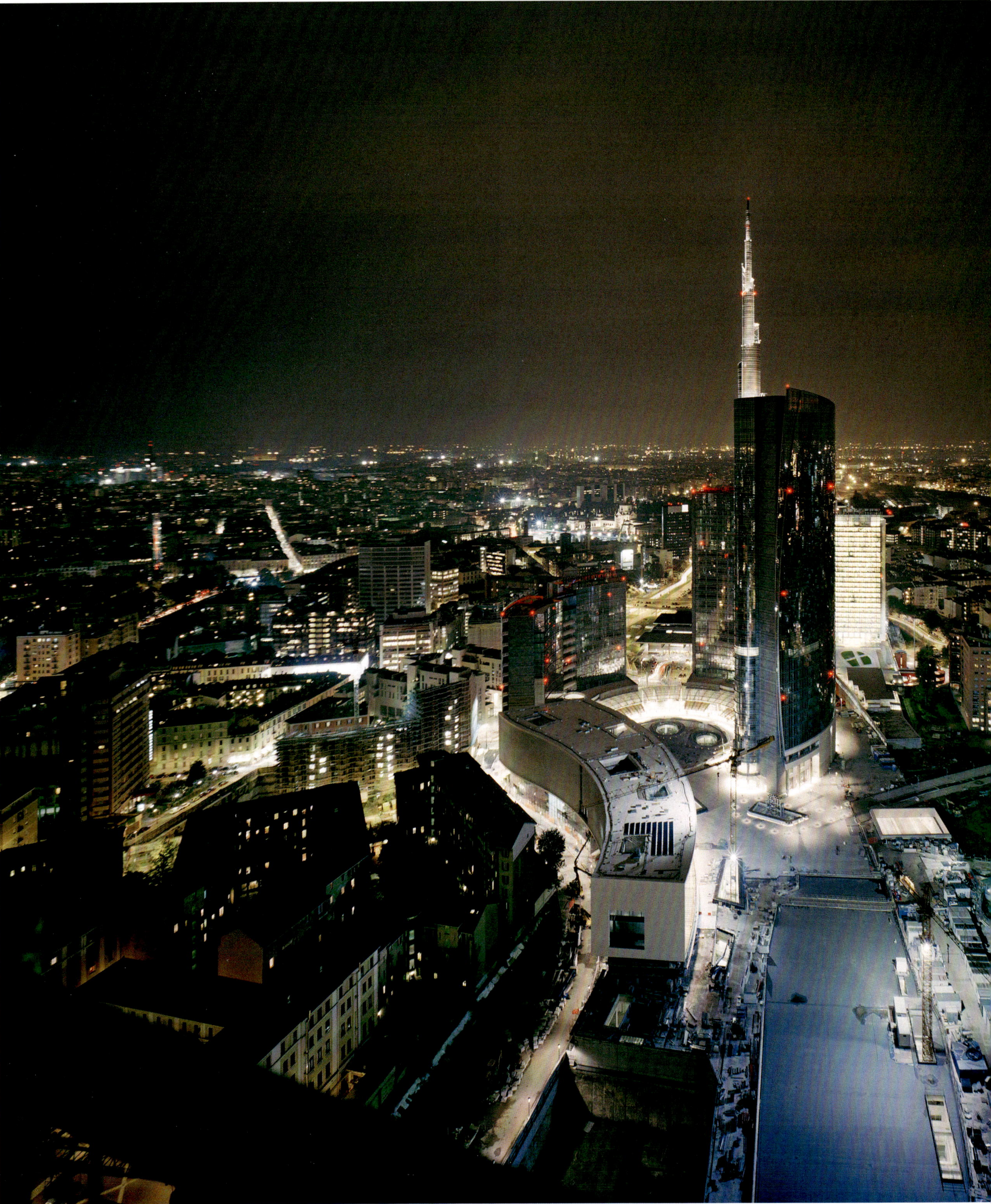

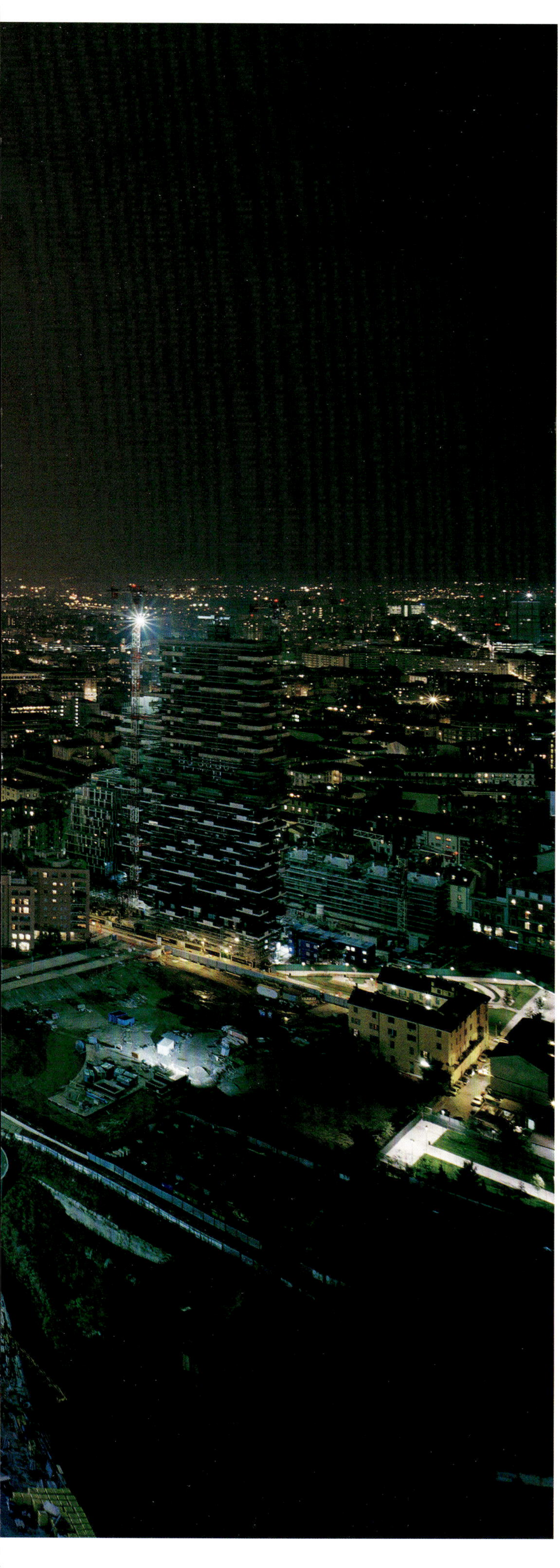

Milano
2012

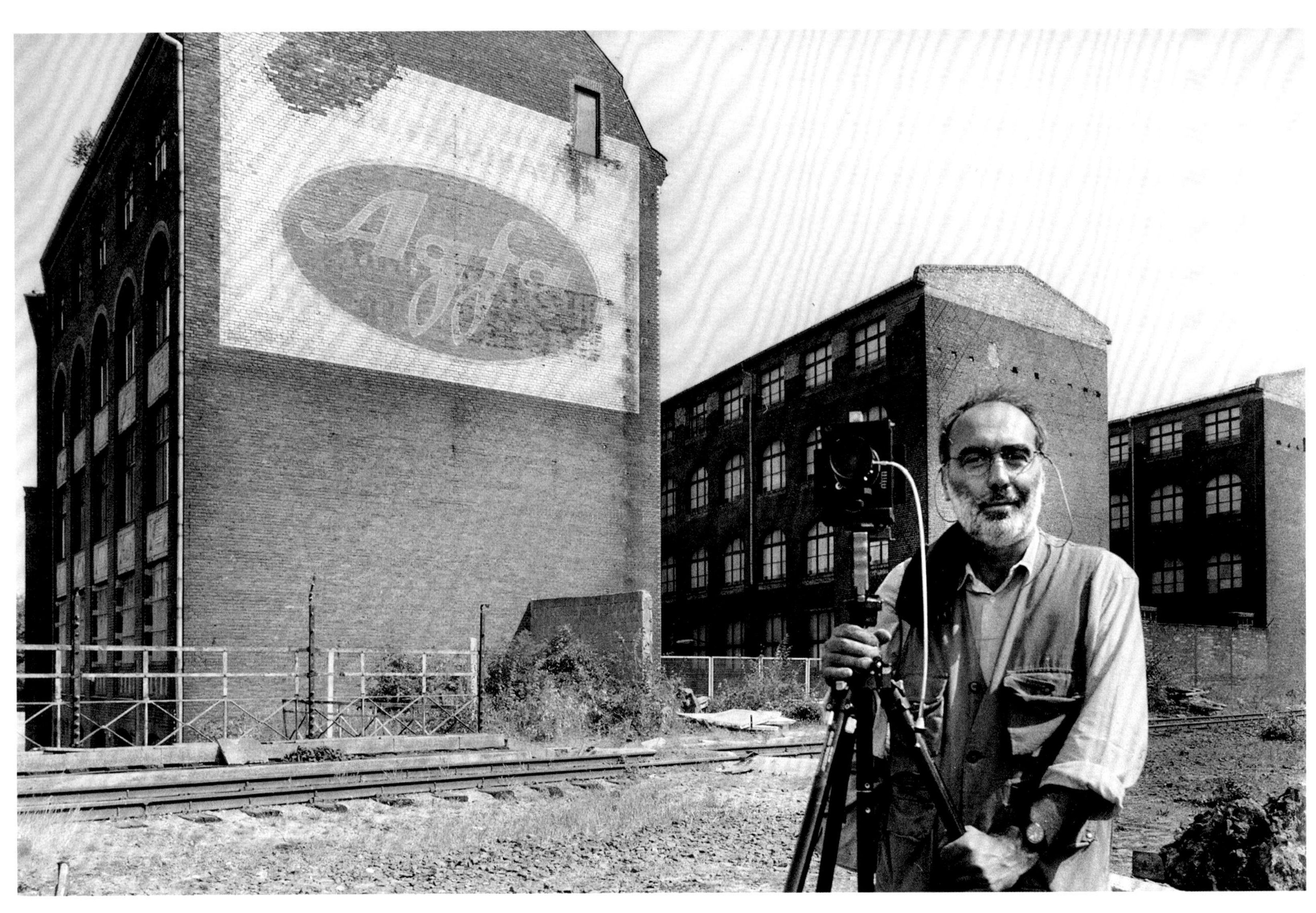

Gabriele Basilico
Berlino / Berlin 1990
Foto di / Photo by
Gianni Berengo Gardin

Gabriele Basilico

(Milano, 1944-2013)

Dopo la laurea in architettura (1973), Gabriele Basilico si dedica con continuità alla fotografia. La forma e l'identità delle città e i mutamenti in atto nel paesaggio urbano sono fin dagli esordi i suoi ambiti di ricerca privilegiati. *Milano. Ritratti di fabbriche* (1978-80) è il primo lavoro dedicato alla periferia industriale e corrisponde alla sua prima mostra in un museo (1983, PAC - Padiglione di Arte Contemporanea, Milano). Nel 1984 è invitato a far parte della Mission Photographique de la DATAR (Délégation à l'Aménagement et à l'Action Régionale), voluta dal governo francese, e documenta le coste del nord della Francia. Nel 1991 partecipa a un'altra missione fotografica internazionale a Beirut, alla fine della guerra durata oltre quindici anni. A Beirut tornerà altre tre volte: nel 2003, nel 2008 e nel 2011. Nel 1996, con Stefano Boeri, realizza un'accurata indagine sui mutamenti del paesaggio, *Sezioni del paesaggio italiano*, che verrà presentata alla VI Biennale di Architettura di Venezia. Basilico ha prodotto moltissimi lavori di documentazione di città in Italia e all'estero, e realizzato un ampio numero di mostre e di libri personali. Considerato un indiscusso maestro della fotografia contemporanea, ha esposto in molti Paesi e ricevuto numerosi premi e riconoscimenti. Ha inoltre intrecciato il suo instancabile interesse per le trasformazioni del paesaggio urbano con attività seminariali, lezioni, conferenze e riflessioni scritte. Le sue opere fanno parte di importanti collezioni internazionali, pubbliche e private.
Nel 2024 la città di Milano gli ha dedicato due grandi mostre, alla Triennale e a Palazzo Reale, con il titolo comune *Le mie città*.

After gaining a degree in architecture (1973), Gabriele Basilico devoted himself to photography full-time. The form and identity of the city and the changes underway in the cityscape were his main areas of enquiry from the outset. *Milano. Ritratti di fabbriche* (Milan. Portraits of Factories, 1978–80) was his first project devoted to the industrial outskirts, and later became his first exhibition in a museum (PAC – Padiglione di Arte Contemporanea, Milan, 1983). In 1984 he was invited by the French government to take part in the Mission Photographique de la DATAR (Délégation à l'Aménagement et à l'Action Régionale), on which he documented the coastline of northern France. In 1991 he took part in another international photographic mission in Beirut, at the end of the war that had lasted more than 15 years. He returned to Beirut three times, in 2003, 2008 and 2011. In 1996, he and Stefano Boeri carried out an in-depth survey of the changes in the Italian landscape, entitled *Sezioni del paesaggio italiano* (Sections of the Italian landscape), which was presented at the 6th Venice Architecture Biennale. Basilico produced countless works documenting cities in Italy and abroad; a large number of solo exhibitions and photographic books were devoted to him. Considered an undisputed master of contemporary photography, his works have been exhibited in many countries; he received numerous awards and accolades. He also combined an unwavering interest in the transformations of the cityscape with seminars, lessons, lectures and writings. His works are held by major international public and private collections.
In 2024 Milan gave him two important exhibitions, one at Triennale and the other at Palazzo Reale, under the single title 'Le mie città' (My Cities).

Filippo Maggia

(Biella, 1960)
vive e lavora a Milano
lives and works in Milan

Dal 1998 sino al 2004 è stato editor per la fotografia di Baldini Castoldi Dalai. Dal 2004 al 2006 è stato direttore editoriale per Nepente Editore. Dal 2006 al 2020 è stato editor per la fotografia per Skira.
Dal 1993 al 2005 è stato curatore per la fotografia presso la Galleria Civica di Modena.
Dal 1998 è curatore per la fotografia presso la Fondazione Sandretto Re Rebaudengo. Dal 2002 al 2006 è stato curatore responsabile del patrimonio fotografico della Fondazione Sella. Dal 2006 al 2008 è stato curatore per la fotografia presso la Fondazione Bevilacqua La Masa.
Dal 2007 al 2018 è stato Direttore di Fondazione Fotografia Modena.
Dal 2000 al 2009 ha insegnato Storia della Fotografia e Progettazione all'Istituto Europeo di Design di Torino. Dal 2010 al 2012 ha insegnato Documentazione Fotografica presso l'Accademia di Belle Arti di Catania. Dal 2012 al 2018 ha diretto il Master di alta formazione sull'immagine contemporanea di Modena. Dal 2023 insegna al Master Economia e Management per l'Arte e la Cultura della 24ORE Business School.
Dal 2001 collabora con Rai Radio 3. Dal 2019 collabora con il quotidiano economico "Il Sole 24 Ore". Visiting Professor nel 2007 al Royal College of Art di Londra, ha ricevuto due borse di studio (2001 e 2023) da Japan Foundation e Ishibashi Foundation.
Dal 2019 ricopre la carica di Head of Projects dell'Archivio Basilico di Milano.
Dai primi anni novanta ha curato oltre 140 mostre e relativi cataloghi fra personali e collettive. Fra le sole personali ricordiamo: Edward Weston, Ansel Adams, Gabriele Basilico, Nobuyoshi Araki, Jodi Bieber, Hiroshi Sugimoto, Mario Giacomelli, Hrair Sarkissian, Ahlam Shibli, Mitra Tabrizian, Zanele Muholi, Daido Moriyama, Kenro Izu, Axel Hütte, Walter Chappell, Yasuzo Nojima, Walter Niedermayr, Shomei Tomatsu, Victor Burgin, Yasumasa Morimura, Thomas Ruff, Tracey Moffatt, Guido Rey, Paul Caponigro, Vittorio Sella, Raghubir Singh, Mimmo Jodice, Philip-Lorca diCorcia, Minor White, Bernard Plossu, Ralph Eugene Meatyard.

From 1998 to 2004 he was photography editor at Baldini Castoldi Dalai; from 2004 to 2006, he held the position of editorial director at Nepente Editore; from 2006 to 2020, he was photography editor for Skira; from 1993 to 2005, he worked as photography curator for the Galleria Civica di Modena.
From 1998, he has been photography curator at the Fondazione Sandretto Re Rebaudengo; from 2002 to 2006 he held the position of chief curator of the photographic legacy of Fondazione Sella; from 2006 to 2008 he was photography curator with Fondazione Bevilacqua La Masa.
Between 2007 and 2018 he was Director of Fondazione Fotografia Modena; between 2000 and 2009 he taught History of Photography and Design at the Istituto Europeo di Design in Turin; between 2010 to 2012, he taught Photographic Documentation at the Academy of Fine Arts in Catania; between 2012 and 2018 he directed the Master in Advanced Studies on Contemporary Images in Modena.
From 2023 he has taught the Master in Economy and Management for Art and Culture at the 24 ORE Business School.
Since 2001 he has collaborated with RAI Radio 3, and from 2019, he has worked with the financial daily *Il Sole 24 Ore*.
Visiting Professor at the Royal College of Art in London in 2007, he has also received two bursaries (2001 and 2023) from Japan Foundation and Ishibashi Foundation.
Since 2019 he has been Head of Projects at the Archivio Basilico in Milan.
Since the early 1990s, he has curated over 140 solo and group photographic exhibitions and edited the relative catalogues. The solo shows alone include those devoted to: Edward Weston, Ansel Adams, Gabriele Basilico, Nobuyoshi Araki, Jodi Bieber, Hiroshi Sugimoto, Mario Giacomelli, Hrair Sarkissian, Ahlam Shibli, Mitra Tabrizian, Zanele Muholi, Daido Moriyama, Kenro Izu, Axel Hütte, Walter Chappell, Yasuzo Nojima, Walter Niedermayr, Shomei Tomatsu, Victor Burgin, Yasumasa Morimura, Thomas Ruff, Tracey Moffatt, Guido Rey, Paul Caponigro, Vittorio Sella, Raghubir Singh, Mimmo Jodice, Philip-Lorca diCorcia, Minor White, Bernard Plossu and Ralph Eugene Meatyard.

In copertina / Cover
Vicenza, 2011

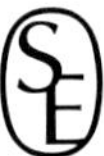

Silvana Editoriale

Direttore generale / General Director
Michele Pizzi

Direttore editoriale / Editorial Director
Sergio Di Stefano

Art Director
Giacomo Merli

Coordinamento redazionale / Editorial Coordinator
Maria Chiara Tulli

Redazione / Copy Editing
Lorena Ansani

Traduzione / Translation
Susan Ann White per / for Scriptum, Roma / Rome

Impaginazione / Layout
Mirco Ameglio

Coordinamento di produzione / Production Coordinator
Antonio Micelli

Segreteria di redazione / Editorial Assistant
Giulia Mercanti

Ufficio iconografico / Photo Editor
Silvia Sala

Ufficio stampa / Press Office
Alessandra Olivari, press@silvanaeditoriale.it

ISBN 978-88-366-5881-7

Silvana Editoriale S.p.A.
via dei Lavoratori, 78
20092 Cinisello Balsamo, Milano
tel. 02 453 951 01
www.silvanaeditoriale.it

Le riproduzioni, la stampa e la rilegatura
sono state eseguite in Italia
Reproductions, printing and binding
in Italy
Stampato da / Printed by
Grafiche Peruzzo, Mestrino (Padova)
Finito di stampare
nel mese di giugno 2024
Printed June 2024